나를 닮은 타인 그 이름 **가족**

나를 닮은 타인 그 이름 가족

윤 철 수필집

B 정보출판사

읽히지 않는 글을 쓰는 것처럼
쓸데없는 일은 없는 것 같다.
독자가 없는 수필집을 묶어내는 일처럼
무모한 작업도 없는 것 같다.

쓸데없는 일, 무모한 작업을
묵묵히 지켜보며
한결같은 마음으로 응원 해주는 사람

사랑하는 가족들에게
이 책을 헌정한다.

● 작가의 말 ●

　세 번째 수필집을 꾸린다.
　누가 기다리는 것도 아니고, 어떤 내용인지 궁금해하지도 않는데 괜히 나 혼자만 마음이 바쁘고 두근거리며 두렵기까지 하다.
　요즘은 가족 그리고 가족 문제에 관심을 가지고 글을 쓰고 있다. 그간 신문이나 잡지에 발표된 글도 있지만, 햇볕도 들지 않는 글항아리 속에서 잠만 자고 있던 글들도 많다.
　그런 글들을 책으로 묶어내기 위해서 단지에서 꺼내 먼지를 털어가며 다시 읽어봤다. 나의 글들은 후회와 자기 연민으로 가득 차 있었다.
　"왜 글을 쓰는가? 잊고 지내도, 아무렇지 않은 지난 경험을 새삼스레 끄집어내어 곰곰 생각하고 후회하는 것이 인생에 무슨 가치가 있는가?"
　후회의 아픔과 깨달음의 기쁨을 독자들과 공감하기 위해 글을 쓴다. 그리고 독자들의 공감을 확신한다. 후회의 회한과 깨달음이 없는 인생은 인생도 아니라는 믿음 때문이다.
　웬만하면 양념 없이 순수한 후회와 아픔, 기쁨과 보람을 드러내려고 노력했다.

재배한 양식보다 자연산 생선이 더 쫀득하고 맛있듯이 독자는 작가의 생생한 아픔이나 보람에 훨씬 더 공감하리라고 생각한다.

글을 읽으며 나의 고백에 자신의 이야기를 함께 비벼 넣고, 잠시 삶을 음미해 보기를 기대한다.

세상이라는 칼에 베이고 찔린 상처들이 함께 치유되기를 바라는 마음이다.

독자와 함께 한 걸음 더 깊이 들어가고 싶어서 「생각, 한 스푼 더」 코너를 만들어 보았다.

독자를 위로하고 응원하는 말 선물을 지향했지만, 어설픔이 많은 것 같다.

이 책을 만들어 준 정보출판사 윤정복 사장님, 표지를 디자인해 준 이해진 켈리그라피 작가님 그리고 수 없는 고침과 윤색에도 싫은 내색 없이 정성을 다해준 관계자들께 감사드린다.

2024년 9월
조향루에서

목차

작가의 말 … 6

첫째 마당 노른자 동동 모닝 커피

아버지의 집 … 12
두 마음 … 17
노른자 동동 모닝커피 … 22
딸과 하룻밤 … 24
그까짓 청바지가 뭐라고 … 28
아내의 놀이터 … 32
마지막 미소 … 36

둘째 마당 나를 닮은 타인 그 이름 가족

쑥 캐는 모녀 … 42
직당한 인생 짐 … 46
나를 닮은 타인 그 이름 가족 … 50
아내의 은퇴 … 55
가족의 틀 안에서 … 59
어른 노릇 … 63
정상 가족과 비정상 가족 … 68

셋째 마당 **망할 친구들이 보고싶다**

인생의 모래시계 … 74
민초들이여 … 78
망할 친구들이 보고 싶다 … 81
매실나무 인연 … 86
지금이 좋습니다 … 90
말과 잘의 앞뒤 … 95
마음 찾으러 가는 길 … 99

넷째 마당 **여기가 곰스크야**

꿈은 욕심입니다 … 102
대숲 바람 … 104
여기가 곰스크야 … 108
물처럼 살라 하네 … 112
미련을 버리던 날 … 116
운명 그리고 인연 … 120
달걀의 말씀 … 125

다섯째 마당 어느 날 문득

나에게 수필은 … 130
인격을 먼저 닦아야 … 133
어느 날 문득 … 137
세상에 살다 간 흔적 … 142
그때 그 일 … 146
속 보이는 거짓말 … 151
담장의 안과 밖 … 155

여섯째 마당 하나님께 물어보고 싶다

외로움의 급소 … 160
돌탑과 십자가 … 163
하나님께 물어보고 싶다 … 166
녹아드는 소금처럼 … 170
내빈 소개 유감 … 174
변산에서 만난 봄 처녀 … 178
빌라 사람들 … 181

첫째 마당

노른자 동동 모닝 커피

아버지의 집

오랜만에 아버지를 만나러 간다.

아버지 집을 찾아갈 때는 거의 버스를 이용한다. 이유는 운전 부담이 없어서 편하기도 하지만, 그보다도 할 말, 하고 싶은 말, 물어보고 싶은 것들을 정리하다 보면 아버지와 함께한 옛일들이 내 마음에 빈틈없이 채워지는 느낌이 좋아서다.

손수 자동차를 운전하고 다니면 주변을 살피느라 그런 느낌을 느끼기도 어렵지만, 설령 느낌이 온다 해도 금방 사라지고 만다. 그런데 버스를 타면 눈을 감고 적당한 흔들거림을 누리며 생각에 젖을 수 있어서 좋다.

전북 완주군 용진면 운곡리, 그곳에 아버지의 집이 있다.
아버지는 새집에 이사한 뒤로 지난 50년 가까운 세월 동안

한 번도 집 밖으로 나오신 일이 없다. 모르면 몰라도 보고 싶은 사람도 많고 부탁할 일도 많을 것 같은데 한 번도, 누구도 부르는 법이 없었다. 설령 밖에서 누가 불러도 섣불리 밖으로 나오지도 않았을 것이다.

낮이나 밤이나, 여름이나 겨울이나 고립된 섬처럼 혼자서 집을 지키며 찾아오는 이를 기다릴 뿐이다. 아버지는 늘 이곳에서 나를 기다리고 계셨다. 찾아오면 피하는 법 없이 언제나 만나주시지만, 늘 무표정이다.

바깥세상은 다시 봄이 오고 매화 눈 터지는 소리가 산야에 낭자한데 "겨울은 편히 나셨는지? 우리 자식들에게 들려주실 말씀은 없는지?" 물어도 대답이 없다. 아버지는 늘 그러셨다. 아주 드물게 환청 같은 희미한 울림이 있을 때도 있지만….

아버지 세대는 "바깥양반" 시대였고, 아버지는 전형적인 바깥양반이었다. 집안에 쌀이 떨어졌는지, 아이들 학교 수업료 낼 때가 언제인지, 그런 집안일은 사소한 일 취급하고 오직 직장 일이 우선이었다.

또한, 지인들과 어울리는 데는 씀씀이가 한없이 넉넉하고 마음이 큰 분이셨다고 한다.

하지만 당시의 보통 아버지들처럼 가부장적이거나 권위를 내세우지는 않았다.

무섭고 두려운 존재로서 아버지보다는 잔정 많고 친구처럼 대화가 통하는 분이었다. 굳이 흠이라면, 술을 지나치게 좋아하고 부잣집 막내아들로 태어나 궁핍함을 모르고 살아온 탓에 경제관념이 희박하고 세상 물정에 어두운 것이었다.

아버지가 직장 생활을 하는 동안에는 살림살이가 풍족하고 평안했지만, 막상 직장을 그만두고 투병 생활을 하는 동안은 수입이 끊기면서 살림은 곧 미끄럼을 탔다.

앞날에 대한 준비가 없었던데다 어려움을 견디어 낼 강단도 부족했다. 커다란 집에서 조그만 집으로, 다시 전셋집을 전전하다가 급기야 사글세로까지 옮겨야 했다.

하필 한창 꿈 많고, 하고 싶은 것 많은 나의 청소년기와 겹쳤다. 용돈은커녕 등록금조차 스스로 해결해야 했기에 통상적으로 3년이면 졸업하는 고등학교를 4년이나 다녔다.

그러나 "아버지의 실직으로 집안 형편이 어렵게 되었다."는 말은 입에 올리기조차 싫었다. 가까운 친구들에게도 내색하지 않았다. 당시는 모두가 가난했던 시절이었지만 나의 가난이 유난히 아팠던 것은, 드러내고 싶지 않은 이쭙잖은 자존심 때문이었던 것 같다. 처음부터 가난했으면 모르지만 있다가 없게 되면 상대적 박탈감 때문에 가난의 고통이 더 심한 법이다.

어려웠던 그 기억이 가슴에 옹이가 되고 아픔이 되살아날 때마다 나는 '아버지를 닮지 않겠다.' '절대 아버지처럼 살지 않으리라' 다짐하고 또 다짐하면서 젊은 날을 보냈다.

지금 아버지가 살아계셨으면 올해 103세이다. 아버지는 인생에서 가장 좋은 때라는 52살 아까운 나이에 세상을 하직하셨다. 인생의 황금기인 쉰 초반에, 그 많던 술친구들과 가족까지 버리고, 추억만 남긴 채 선조들이 가신 길을 따라가셨다.

아버지는 가족을 제외한 주변 사람들에게는 무척 후하고 좋은 호인이셨다. 지인들에게 베풀었던 그 몫을 조금만 덜어서 가정에 보탰다면 얼마나 좋았겠는가? 요즘은 주변 사람 모두에게 좋은 평판을 듣기도 어렵지만, 굳이 그럴 필요도 없다고 생각한다. 이타보다는 이기주의가 앞서는 시대 아닌가?

아버지처럼 살지 않겠다는 다짐과 달리 어느새 아버지를 닮아버린 나의 모습을 부인할 수가 없다. 그래서일까? 나는 어려운 문제에 부딪히거나 마음의 갈피를 잡지 못할 때면 으레 아버지를 먼저 찾는다.

아버지 집은 나만의 은밀한 성소이다. 고해의 성소이면서 어느 땐 결단의 성소가 된다. 이제는 어려운 일이 없을 때도 가끔 찾는다. 위안의 성소가 되기도 하기 때문이다.

아버지의 집에만 오면 마음이 편안해진다. 좌고우면하며 갈팡질팡하던 생각이 정돈되고 너덜거리던 머리가 개운해진다.

가신 지 반백 년이 넘었다. 이제는 일부러 찾아도 흔적 찾기가 쉽지 않고, 기억조차 아물거린다. 땅속의 육신은 삶의 회한과 오욕칠정의 짙고 검은 물이 다 바래서 고운 황토가 되었으리라.

하지만 존재의 기억만으로도 의지가 되고 위로와 평안을 주는 나의 아버지.

"당신은 훌륭했고, 좋은 분이셨고, 세월이 더할수록 선명함이 더 빛나는 분입니다."

저물녘, 기우는 해가 나지막한 산 능선에 기대어 종일의 노고를 풀고 있다. 낮술에 취해 불콰해진 얼굴로 머리를 쓰다듬어주시던 아버지 같다.

> **생각, 한 스푼 더**
>
> 아들이 아버지를 진정으로 이해하게 되면 비로소 존경이 우러나게 된다고 합니다.
> 그런데 그 존경은 대부분 아들이 아버지의 나이가 되어서야 만시지탄의 후회와 함께 옵니다. 그리고 아버지를 닮은 자신을 발견하게 됩니다.

두 마음

　잠결에 아련히 들리던 소리가 훅하고 달려든다. 한밤중의 정적은 전화통의 고함에 놀라 달아나고 나는 잠에서 깼다. 새벽 2시가 조금 넘은 시각이다
　"○○○할머니 보호자시죠?"
　한밤중이나 새벽의 전화벨 소리는 불길함 그 자체다. 전화벨 소리가 어찌나 크던지 놀란 가슴이 철렁 내려앉았다.
　아니나 다를까 어머니가 계신 요양원에서 걸려 온 전화였다. "어머니께서 호흡곤란 증세가 심해 응급실로 이송했다"라는 말에 가슴이 또다시 '쿵'하고 내려앉았다.

　아내를 깨워 주섬주섬 챙겨 입고 병원을 향하는 중에도 마음에서는 이미 어머니의 초상을 준비했다. 장례식장은 어디

로 해야 하며, 친척과 지인들에겐 어떻게 연락해야 할 것인가? 무엇부터 해야 할지 생각에 두서가 없어진다.

고령의 노모인지라 언제 당해도 당할 일이기에, 하나씩 미리 준비해야 한다는 것을 알면서도 그런 준비 자체가 어머니가 빨리 돌아가시길 고사 지내는 일 같아서 미루기만 했었다.

응급실에 도착하니 어머니는 등을 보이고 누워계셨다. 조금 뒤 응급실 간호사가 와서 "이제 호흡이 안정되었으니 안심해도 좋다"는 말에 나도 모르게 안도의 한숨이 푹 나왔.

링거 바늘을 꽂은 팔이 굽어질까 염려되어 바르게 눕혀드렸더니 이내 모로 누운 자세로 돌아누웠다. 내 어렸을 적 당신의 팔베개를 내준 채 다독이며 재우시던 저 자세로 평생의 잠자리를 채우신 어머니.

자식들에게 모든 걸 다 내어주고 이제 더 마를 물기조차 없는 등이 손바닥만 하다. 저토록 여린 등으로 어떻게 100년 가까운 세월을 살아내셨을까?

가늘게 고는 콧소리가 신음 같기도 하고 원망의 소리 같기도 하다. 그 소리가 나를 꼼짝조차 할 수 없게 붙잡으며 조여왔다.

어머니는 대소변을 스스로 처리하지 못하셨다. 더구나 장무력증 때문에 2~3일 간격으로 관장을 해야 했다. 그래서 집에서 모시지 못하고 요양병원에 입원하게 된 것이다.

나는 요양보호사들에게 늘 감사한다. 자식도, 가족도 역겨워하는 똥오줌을 아무렇지 않게 받아내는 것만으로도 대단하고 고마운 일이다. 가끔 요양병원의 처사가 마음에 들지 않을 때도 있지만, 더 이상의 친절과 서비스를 요구하는 것은 갑질이라고 생각한다. 만약 노인요양시설이 없었다면 나는 벌써 불효자로 몹쓸 소문이 퍼졌을 것이다.

 요양병원에 면회하러 갔다가 올 때마다 침대에 누워 손짓으로 배웅하는 어머니의 눈과 마주치면 어머니 눈엔 무언지 모를 간절함이 대롱거리고 내 눈엔 눈물이 대롱거렸다. 일주일에 한 번씩 찾아뵌다고 해도 백 번도 채우지 못할 것 같은 예감이 눈물의 표면장력을 무너뜨리기 일쑤였다.

 생각 끝에 우리 집과 담장 하나 사이 옆집인 요양원으로 모셔 왔다. 곁에 계신다는 안도감은 늘 갑갑해 있던 숨통을 열어주었다. 무엇보다 매일 찾아가니 어머니가 좋아하셨다.
 창문만 열면 우리 집이 보이고 식구들이 왔다 갔다 하는 모습을 볼 수 있어서 아마 다시 집에 오신 것으로 착각했을지도 모른다.

 들고나는 길에 어머니의 생활 모습을 지켜보던 쏠쏠한 행복도 코로나 때문에 차단되었다. 요양원 창문이 닫히고 면회도 금지되었다. 창 하나로 안과 밖이 나뉘고 어머니는 다시 갇힌 신세가 되었다.

어머니는 나이 아흔여덟의 치매 환자다. 그래도 나와 내 아내만은 용케 알아보신다.

입원해서 병원에 계시는 동안 말을 한마디도 하지 않던 어머니가 퇴원 길 구급차 안에서 불쑥 한마디 하셨다.

"애비야. 나 이제 집으로 가야겠다."

어머니를 다시 집에서 모시기는 어려울 것 같다. 무엇보다 대소변을 어찌하겠는가? 두꺼운 침묵이 차 안을 무겁게 짓눌러왔다.

"엄니, 그럼 우리 집으로 갈까?"

"느네 집은 싫어야"

그러면 어머니가 가고 싶은 집은 어디일까?

어머니는 더 이상 어떤 말도 없었다. 우리 집으로 가자는 나의 말이 진심이 아니었듯이 우리 집은 싫다는 어머니 말도 진심이 아닐 것 같다.

우리 모자는 이렇게 두 마음을 가지고 산다. 진짜 속내는 감추고 사탕발림 같은 거짓말로 상대를 배려하고 걱정하는 모습이라니…

눈을 감은 어머니는 구급차의 흔들림에도 미동조차 없다. 시신처럼 고요하다. 섬뜩한 마음에 얼른 코에 손을 대 보았다. 콧김이 따뜻하다.

'오늘 하룻밤만이라도 집으로 모실까?'

갈등하는 사이에 결론을 내리듯 구급차가 요양원에 도착했다.

고개를 들어 하늘을 보니 구름이 흐르고 있었다. 흐른다는 건 있던 자리를 내주고 떠나는 것이다. 어머니도, 나도 언젠가는 저 구름이 되겠지.

노른자 동동 모닝커피

모닝커피.

커피를 시도 때도 없이 마시는 젊은이들에겐 모닝커피, 런치 커피의 구분조차 의미 없는 일인 데다 꼰대 냄새가 너무 진한 탓인지 요즘은 별로 쓰이지 않는 용어다. 그러나 나이 지긋한 사람들에게는 이 말 한마디로 그 옛날이 툭 튀어나올 것 같은 아련한 향수가 깃든 단어가 모닝커피다.

나의 하루는 모닝커피 한 잔으로 시작된다.

오늘 아침엔 커피를 타다가 불현듯 아버지 생각이 났다. 남자는 바깥일만 하던 가부장적 시대의 전형적인 바깥양반이 우리 아버지였다. 항상 집안일보다 바깥일이 우선이고, 가족보다 친구가 우선이었던 아버지다.

커피 위에 날달걀 하나 톡 깨어 노른자만 넣으니, 노란 보름달이 동동 뜨며 잔이 넘실거린다. 진한 갈색과 노랑의 조합이 몽환적 비주얼을 만들어 낸다.

이왕 넣는 것, 잣 대여섯 알을 더 넣고 휘휘 저으면 아버지 시대, 그 시절의 모닝커피가 된다.

커피 향에 뒤섞이는 아버지 냄새. 안개 스미듯 그리움으로 번진다.

"부자지간엔 미워하면서 닮는 거란다"

아버지를 미워하던 나에게 혼잣말처럼 되뇌셨든 어머니 말씀이 가슴에 잔상으로 남는다.

생각, 한 스푼 더

허름한 보리밥 전문점에서 무밥을 먹었습니다.

가난했던 시절, 밥솥 안에 부족한 쌀의 자리를 보리로 메우면 보리밥, 콩나물로 채우면 콩나물밥, 무가 대신하면 무밥이 되었습니다.

가난의 상징 같았던 거친 음식입니다.

그런데 그런 옛날 음식이 왜 입에 맞을까요?

입맛인지, 추억 맛인지 그걸 잘 모르겠습니다.

딸과 하룻밤

　문인협회의 임원 워크숍이 있었다. 장소는 부안 모항 해수욕장에 있는 현대해상 연수원이었다.
　책임감 때문에 꼭 참석해야 하는 행사지만, 1박 2일이라는 점이 마음에 부담이 되었다. 가족 아닌 사람들과 잠자리에 익숙하지 않은 불편함에 불면의 밤을 보내기 일쑤인 나의 성격 때문이다.
　그래서 단체로 숙박하는 행사는 웬만하면 피하는 편이지만, 이번에는 밤중에라도 돌아올 요량으로 참석했다.

　연수원에 도착해서 주차하고 있는데 전화가 왔다. 큰딸이었다.

"아빠. 지금 어디야? 나는 부안에 연수 왔는데…"
"그래. 아빠도 부안 현대해상 연수원에 워크숍 왔는데, 너는 어디야?"
"어! 바로 옆 해나루 호텔이야. 그럼 이따 저녁 먹고 우리 호텔로 건너오세요"

나는 그저 기막힌 우연이 놀라웠다. 우연은 예기치 못한 필연이라고 했던가. 각자 다른 목적으로 집을 떠났는데 객지에서 이렇게 딱 마주치는 우연은 또 어떤 필연을 준비하고 있을까?

짧지 않은 대화에서 딸은 이제까지 살면서 아빠하고 같이 잔 기억이 한 번도 없다면서 오늘 밤이 특별한 추억으로 남을 것 같다고 말했다.
여자 참석자가 적어서 1인 1실을 배정받았는데 다행히 침대가 트윈이라 괜찮다며 제 방에 와서 편하게 주무시라고 말했다. 딸은 그다지 친하지 않은 사람들과 합숙을 싫어하는 내 성격을 미리 알고 한 제안이었다.

아무리 부모 자식 사이라 해도 성性이 다르면 태생적 한계와 벽이 있기 마련이다. 내 기억에도 딸이 철든 뒤로 둘이서만 한방에서 잠들었던 일은 없다. 서로 불편할 것 같아서 망설이고 있는데 빨리 오라는 딸의 재촉에 딸의 방문을 노크했다.

각자의 침대에 누워 이런저런 이야기를 나눴다. 내가 딸의 어린 시절 이야기를 한참하고 있는데 옆에서 새근거리는 소리가 들렸다. 연수가 피곤했던지 벌써 곤히 잠든 딸의 편안한 얼굴 위로 수많은 옛일이 파노라마처럼 지나갔다.

비가 와도, 바람만 불어도 걱정이고, 연락 없이 늦을 때마다 조마조마하며 걱정으로 키운 딸이다.
자식 걱정, 살림 걱정, 돈 걱정 없이 손에 물 한 방울 안 묻히는 삶을 바랐지만, 딸은 우리 부부가 걸어온 길을 답습하면서도 팍팍한 살림살이를 구김살 없이 잘 감당하고 있다.

호락호락하지 않은 세상살이에도 늘 웃음과 여유를 잃지 않는 딸이 대견스럽다. 말하지 않는 이면에 엄마로, 아내로, 직장인으로 1인 3역의 어려움은 얼마나 클 것인가?
곁에서 깜냥껏 도와준다고 하지만 도움은 도움일 뿐 어찌 당사자의 책임감에 비길 수 있으랴. 힘든 일은 모두 미소로 덮어버리고 해맑은 웃음만 보여주는 딸에게 늘 사랑과 감사와 평화만 넘쳐나기를 기도하다가 어느새 나도 깊은 잠에 빠져들었다. 중간에 한 번도 깨지 않은 숙면의 밤이었다.

우연인지 필연인지 딸하고 단둘이서 오붓하게 보낸 시간이 나를 세상에서 가장 행복한 아빠로 만들어 줬다. 흐뭇한 하룻

밤이었다.

둘째 딸 하고도 이런 기회가 우연처럼 찾아오면 참 좋겠다.

생각, 한 스푼 더

내가 상대를 보고 있으면 상대도 나를 봅니다.
이렇게 시선은 감정과 함께 교류됩니다. 이렇듯 시선과 감정은 늘 이중적이고 쌍방통행이지만 항상 서로 같을 수는 없습니다.
딸도 나처럼 감동의 밤이었을까요?
상대는 아무렇지도 않은데 나 혼자 감동하고, 스스로 의미를 부여하며 감격의 눈물까지 흘리는 경우가 종종 있습니다. 나이 탓인것 같습니다.

그까짓 청바지가 뭐라고

은퇴 무렵이니까 10여 년 전 일이다.

청바지를 한꺼번에 두 벌이나 샀다. 하나는 평범한 디자인이지만, 다른 하나는 허벅지 부분에 메이커의 로고가 새겨지고, 헤짐이 있어 젊은이들이 선호하는 유행 스타일이었다.

튀는 것을 자제하는 공직사회의 조직 문화 탓인지 당시 공무원들은 대부분 정장 차림으로 근무했다. 그런 속에서 30년 넘게 세월을 보낸 나의 양복장엔 검정, 감색, 진회색의 어두운 색깔 일색이다. 그것도 점잖은 양복이 대부분이고 간편복이라면 어쩌다 입는 점퍼 정도가 고작이다.

나의 청년기부터 청바지가 유행하기 시작했다. 지금처럼

멋으로 입는 청바지가 아니라 1년 열두 달 주야장천 입고 지내는 내구성 최고의 해군작업복이었다. 명칭도 지금처럼 청바지나 진jean이 아니라, 해작 바지라고 했었다.

그나마도 가격이 비싸서 없는 집 아이들은 청바지 대신 군복에 검정 물을 들여 입고 지냈던 기억이 새롭다. 나도 그중 한사람이었다.
결국, 중년을 넘어 은퇴하는 시점까지 청바지를 한 번도 입어보지 못하고 세월을 보내버린 것이 한이 되었다. 오죽하면 은퇴한 다음에 하고 싶은 일의 목록 윗줄에 "청바지 입어보기"를 올렸을까?

청바지는 질기고 일하기 편하게 만든 작업복에서 유래되었다, 구김이 안 가고 때도 잘 타지 않는다. 한 벌 사면 오래 두고 입을 수 있고, 오래되면 딱딱하고 갑갑한 느낌이 없어져서 세월이 지날수록 더 좋아지는 묘한 매력이 있는 옷이다.

젊고 활동적인 이미지 때문인지 청바지는 나이 든 사람보다 한참 힘이 왕성한 젊은이에게 더 잘 어울린다. 그것도 키가 크고 다리가 긴 젊은 사람이 입으면 스마트한 멋이 저절로 뿜뿜거린다.
그런데 현역에서 은퇴한 늙은이인 데다가 다리마저 짧은 내게 청바지가 어울릴 턱이 없다. 그러나 아무렴 어떤가? 얼마나 입고 싶었던 청바지였던가?

  청바지를 수선집에서 맞춤하듯이 몸의 치수에 맞게 고쳤다. 청바지를 입은 나를 전신거울에 비쳐 보기도 하고, 패션쇼를 하듯이 거실을 이리저리 돌아다녀도 보았다.
  신축성이 좋아서 쪼그려 앉아도 불편하지 않았다.

  그런데 문제는 내 마음이었다. 남들이 "어울리지 않는다"라는 말은 물론이고 "채신머리없이 웬 청바지야?"라며 나만 쳐다볼 것 같았다. "원래 똘끼가 있었다"라고 등 뒤에서 수군거릴 것 같아서 입고 나설 용기가 쉽게 나지 않았다.

  ""그토록 청바지 타령을 하시더니 사놓고 왜 안 입어?"라는 조롱인지 채근인지 모를 아내의 말에는 "몸에 익지 않아서 어찌 불편하네"라는 답으로 체면 땜빵을 해놓고 방안 통소처럼 집안에서만 입고 왔다 갔다 하며 사랑 땜을 했다.
  "그까짓 청바지가 뭐라고 남의 이목에 나를 스스로 가둔단 말인가?"
  사람은 살면서 남의 눈을 의식하지 않을 수 없다. 그러나 지나치면 자신의 인생을 자의적으로 살지 못하고 누군가에게 보여주기 위해 사는 꼴이 되기 십상이다.
  체면은 사람이 사람답기 위해 갖춰야 할 최선의 기준을 지키면 되고, 남을 의식하는 정도는 사람의 도리에서 벗어나지 않기 위한 노력이면 충분한 것 아닐까?

꽤 오랜 주저 끝에 용기를 냈다. 나이가 비슷비슷한 동창 모임에 청바지를 입고 참석했다. 나는 왠지 쭈뼛거리고 부자연스러운데 친구들은 내 청바지엔 관심조차 없었다.
이렇게 공식적인 자리에 내가 청바지를 입고 참석한 것은 처음이었고, 그만큼 용기가 필요했다. 그런데 그런 사실을 아무도 모르고 관심도 가지지 않았다. 그런 친구들이 약간 섭섭하기까지 했다.

무엇이나 처음 한 번이 어렵다. 그러나 무슨 일이 됐건 일단 저지르고 나면 그 뒤론 익숙했던 일처럼 쉬워진다.
청바지를 처음 입었던, 그날 이후로 나는 지금까지도 청바지를 즐겨 입고 다니며 묘한 자부심을 느낀다.

생각, 한 스푼 더

우리는 스스로 많은 한계를 부여하고 자신을 그 안에 가두어두려고 합니다.
체면이나 이목에 얽매이는 것도 그중의 하나입니다.
사람다움을 잃지 않는 정도라면 체면이나 이목쯤 적당히 무시하고 살면 안 될까요?

아내의 놀이터

아내의 자리가 휑하다. 분명 같이 잠자리에 들었던 아내가 곁에 없다.

나는 잠옷 차림으로, 온실로 내려갔다. 역시나 아내는 온실 조명을 환히 밝히고 소나무를 건사하고 있었다.

"지금이 몇 신데 그러고 있어?"

"미안해. 잠이 안 와서 뒤척이다 좀 전에 내려왔는데…"

아내는 걱정하지 말고 들어가서 자라며 나의 등을 떠밀었다.

아내는 꽃을 무척 좋아한다. 꽃뿐 아니라 식물류라면 종을 떠나서 애착이 강한 편이다.

한때는 제라늄에 꽂혀 살더니, 몇 년 전에는 석부작, 목부

작에 빠졌다가 작년부터는 밤낮을 가리지 않고 소나무 분재에 정신을 쏟고 있다.

오늘도, 소나무 농장을 하는 친구가 며칠 전 보내준 곰솔의 모양을 잡아주고 있었던 것 같다.

내가 한동안 바둑에 빠졌을 때 잠자리에 누우면 천정이 온통 바둑판으로 보이고, 바둑돌 놓는 소리가 환청처럼 들렸듯이 아내도 그런 것 같다.

눈앞에 아른거리는 곰솔에 취해 발길을 온실로 옮겼을 것이다. 반려견, 반려묘가 있듯이 아내에게는 꽃과 나무가 반려역할을 한다.

소나무의 가치는 곡曲을 잘 살린 모양에 따라 가치가 달라진다. 따라서 모양을 잡기 위해 가지치기와 철사 걸이를 한다. 아내는 가지치기만으로 곡을 잡아나가는 작업을 선호한다. 철사 걸이는 인간의 욕심으로써 나무를 기형으로 만들고 학대하는 것이라며, 좋아하지 않기 때문이다.

가지치기도 그리 쉬운 작업은 아니다. 소나무 가지는 한번 자르면 다시 복원할 수 없으므로 한 가지 한 가지 허투루 자르는 법이 없다.

물레처럼 빙글빙글 돌아가는 작업대 위에 화분을 올려놓고 소나무의 얼굴과 등을 이리저리 돌려가면서 오랜 시간 생각하고 자르고 또 돌려보는 작업을 정성껏 반복한다.

우리 집 온실은 아내의 놀이터다.

화분의 숫자가 베란다 수준을 훨씬 넘어 일부를 정리해야 할 지경에 이르렀을 때 1층 상가 두 칸 중에서 볕이 잘 드는 한 칸을 비워서 냉난방 시설을 설치하여 온실을 만들었다. 사실 온실이라기보다는 상가 한 칸의 공간에 만든 꽃방이 오른 표현이겠지만, 우리 식구들은 온실이라고 부른다.

아내는 시간만 나면 온실로 내려가서 화분의 위치를 돌려가며 바꿔주고 분갈이와 가지 정리, 물주기, 거름주기로 많은 시간과 정성을 쏟는다.
화분마다 물을 주는 주기와 양이 다르기에 익숙하지 않은 나에게는 잘 시키지도 않는다. 나는 그런 아내를 보며 온실 안에 있는 캠핑 의자에 깊숙이 앉아 책을 읽는다. 우리 부부가 인생 놀이터에서 하루를 잘 노는 방식이다.

반려 식물은 정서적 안정에도 도움이 되어 삶에 긍정적인 영향을 준다. 아마 아내가 갱년기를 쉽게 넘길 수 있었던 것도, 무력감이나 짜증이 늘기 마련인 노년의 스트레스도 꽃과 나무가 있어서 스스로 풀어낼 수 있었던 것 아닌가 생각된다.
화분마다 안부를 물으며 대화하는 아내의 얼굴에 살포시 만족이 피어난다. 작은 소나무와 수석을 이리저리 배치하며 가드닝gardening을 하는 아내의 얼굴에서는 처녀 시절 매력이었던 홍조가 살아난다. 향수를 한 방울 떨어뜨린 것처럼 행복이 아내를 휘돌며 온실 가득 번진다.

  온실을 처음 계획했을 때 나는 정신 가치보다 임대료가 줄어드는 경제 가치를 먼저 계산했다.

  그때의 내가 부끄럽고 미안하다.

생각, 한 스푼 더

"남자는 자기가 알고 있는 것을 말하고, 여자는 상대가 기뻐하는 것을 말한다"라는 말이 있습니다. 프랑스 사상가 장 자크 루소의 명언입니다.

  어쨌든 남녀 사이의 밀당 만큼은 여자가 남자보다 한 수 위임을 인정할 수밖에 없을 때마다 이 루소의 명언이 생각납니다.

마지막 미소

2023년 9월 15일 금요일 오후 1시 30분.

어머니가 98세를 끝으로 세상을 떠나셨습니다. 사람은 누구에게나 어머니가 있으며, 때가 되면 삶을 마감하고 이승을 떠나게 됩니다. 따라서 내 어머니의 죽음이 특별한 일은 아닙니다.

사람은 누구나 예외 없이 겪는 죽음이지만 어머니의 임종 순간을 잊을 수 없습니다. 벌써 1주기가 다가오는데 아직도 기억이 생생합니다. 숨이 사그라지던 순간과 마지막 미소가 잊히지 않습니다. 오래오래 기억하고 싶습니다.

어머니는 10년이 넘는 세월을 일반병원, 요양병원, 주간 보호센터, 요양원 등을 오가며 지내셨습니다. 처음엔 집에서 모시다가 병원에 계시기를 반복했지만, 나중에는 대소변의 뒤처리를 감당하지 못해 집에서 모실 수가 없었습니다.

어쩌지 못하는 현실과 달리 마음은 늘 아쉬워서 우리 집과 담장을 맞대고 있는 옆집 요양원에 모신 뒤로 4년 정도 계셨습니다.

그간 폐렴으로 의식이 흐려지고 심박수와 호흡이 불규칙해지는 응급상황이 있을 때마다 큰 병원으로 이송하는 일이 여러 차례 되풀이되었습니다.

화장실 출입은 물론이고 식사와 대소변을 스스로 해결하지 못하는 연로하신 체력으로는 병원 검사와 치료 자체가 고통이었습니다. 하루라도 더 사시기를 바라는 자식 마음이 어머니의 마지막을 고통의 길로 내모는 것 같아서 그때마다 후회스럽기도 했습니다.

요양원에서 연락이 왔습니다. 늘 마음의 준비를 해 왔던 때문에 크게 놀라지는 않았지만, 급히 달려가는 동안 마음이 쿵쾅거리고 손이 떨렸습니다.

어머니의 상태를 먼저 확인하고 머리맡에 찬송가를 틀어 놓았습니다. 어머니는 의식 없이 호흡만 깊어졌다가 얕아지기를 반복하셨습니다. 아내가 어깨와 팔을 주무르며 옛날의 좋았던 추억을 덕담으로 들려드리는 동안 힘들게 몰아쉬던 거친 숨소리가 고르게 돌아오고 편안한 표정으로 깊은 잠에 빠진 듯했습니다.

형제들에게 연락하고 있는 잠깐 사이에 어머니가 갑자기 강한 한숨 같은 숨을 훅하고 뱉어내며 눈을 떴다가 감았습니다. 콧김은 따뜻했지만, 숨이 불규칙해졌습니다.

나는 얼른 간호사의 청진기를 받아 어머니 가슴에 대고 숨소리는 들었습니다. 맥의 간격이 점차 길어지고 조용히 가라앉더니 결국은 숨소리가 사라졌습니다. 숨을 거둔다는 것은, 갑작스러운 그침이 아니라 점차 사그라지는 소멸의 과정이었습니다. 말로만 들어왔던 운명이었습니다.

집과 병원, 요양원을 옮겨 다니며 어머니를 모시던 10여 년 동안 힘들었던 일도 참 많았는데 그 순간에는 한 가지도 생각나지 않았습니다.

"나는 어머니가 돌아가신다고 해도 눈물 한 방울 흘리지 않을 것 같다고 말해왔는데…"

내가 울보인 것을 그때 알았습니다. 아직은 온기를 잃지 않고 여전히 따스한 어머니의 손을 붙잡고 울보답게 큰 소리로 울었습니다. 할아버지인 것도 잊고 아이처럼 울었습니다.

아내는 어머니의 귀에 대고 "어머니 감사했습니다. 고생 많이 하셨습니다. 천국으로 가세요"라는 말을 속삭이듯 수없이 들려드렸습니다.

어머니의 얼굴이 병상에서 고생하시던 모습과 달리 온화한 미소를 담뿍 안은 표정으로 변했습니다. 아마 숨을 거두어도 듣는 귀는 얼마 동안 열려있다는 말이 맞는 것 같았습니다.

어머니의 마지막 미소는 아마 좋은 모습만 기억하라는 당부인 것 같았습니다

둘째 마당

나를 닮은 타인 그 이름 가족

쑥 캐는 모녀

잡초는 질기다. 겨우내 터질 듯 단단한 얼음 땅에서도, 채찍처럼 몰아치는 날 선 냉풍에도 잡초는 죽지 않는다. 별 쓸모도 없는 것이 번식만 왕성해서 농부들에겐 주적 취급을 받는 잡초.

농작물의 성장뿐 아니라 생존까지 방해하니 이만저만한 골칫거리가 아니다. 그래서 농사를 잡초와 전쟁이라고까지 하지만 이제껏 잡초를 이긴 농부는 없었다.

몇 해 전, 딸이 시골에 세컨하우스로 농가 주택을 마련했다. 누구나 한 번쯤은 마당이 넓고 거기다 텃밭까지 딸린 전원주택에서 살고 싶은 생각을 한다. 창문에 걸린 풍경화는 저절로 계절마다 색을 달리하고 마당에 나오면 눈앞의 자연이

해맑게 손짓하는 여유로운 삶이 도시인들의 로망 아니겠는가?

잡초는 평화롭고 낭만 가득한 도시 서민의 꿈을 간단히 부숴버리고 현실을 인식하게 했다. 딸 내외는 잡초가 자라지 못하도록 텃밭 이랑을 검정비닐로 덮었지만, 그 틈새까지 용케 찾아내는 잡초의 끈질긴 생명력에 두 손을 들었다.

그리고 마침내 유기농 재배를 포기했다. 텃밭은 물론 마당까지 점령해 버린 잡초의 의기양양한 웃음이 눈꼴사나워 제초제를 쓰기로 한 것이다.

잡초보다 질긴 게 쑥이다. 쑥이나 민들레 등은 원래 잡초였지만 나름대로 유용한 약성을 지니고 있어서 약용이나 식용으로 쓰이고 있다.

그러나 쑥은 본성을 버리지 못하고 자신이 본래 잡초였음을 증명하듯이 잡초 속에 집을 짓고 산다. 서로 어울려 함께 키를 키우며 몸피를 늘리고 있다.

햇봄. 아직은 꽃을 시샘하는 추위가 가끔 심술이지만 봄은 봄이다. 마당과 밭 둔덕은 물론이고 철책 담장으로 둘러쳐진 울안의 경사면까지 순하디순한 연록의 새순들이 축제 마당의 만국기처럼 널려있다. 어리다는 단어는 예쁘다를 포함하는 뜻인가? 지긋지긋한 잡초마저 포동포동한 아이 손처럼 예쁘다.

아내는 잡초들 사이로 소보록하게 돋아있는 쑥들이 파릇하고 정갈해 보인다면서 노다지라도 만난 듯 흐뭇해하더니 이내 딸에게 제안한다.
 "얘, 우리 쑥 먼저 캘까?"
 "그럴까"
 딸은 제초제가 든 농약병 옮기던 일을 멈추고 조그만 칼과 바구니를 챙겼다. 그리고 모녀는 처음엔 쪼그려 앉아 쑥을 캐더니 얼마 뒤엔 바지에 흙이 묻건 말건, 경사면에 몸이 기울건 말건 온통 쑥 캐는 데만 정신이 팔렸다. 향긋하고 쌉싸름한 쑥 향에 마취되었으니, 딴생각이 날 리도 없다.

 쏙쏙 캐 담은 노다지가 어느새 소쿠리마다 도두룩하다.
 쑥을 캐고 있는 그녀들 등 위로 따사로운 봄볕이 내려앉았다. 웬일인지 아침부터 몸과 마음을 으슬으슬하게 만들던 심술궂은 꽃샘추위는 떠나버리고, 바람의 기척도 없다.
 봄볕은 따스하고 건너편 산자락에선 산비둘기가 이따금 '구구구' 울었다. 아내는 빠른 손놀림 틈새로 병아리 물 먹듯 목을 젖혀 하늘을 한번 보더니 이내 다시 쑥을 캐기 시작했다. 나도 따라서 하늘을 올려 본다. 바다 같은 하늘에 떠 있는 조각구름이 돛단배 같다. 이따금 하늘과 바다는 서로 자리를 바꾸기도 하나 보다.

 엄마와 딸이 쑥을 캐며 도란도란 주고받는 이야기 소리가 들린다. 무슨 말인지 분명하지는 않지만, 간혹 까르르 웃는 소리가 봄볕처럼 정겹다.

  무슨 할 얘기가 저리도 많을까? 모녀의 대화는 끊이지 않았고 웃음소리 역시 그치지 않았다. 저토록 듣기 좋은 웃음이라니…

  잡초는 미워도 쑥은 살려두고 싶다. 해마다 쑥 캐는 그녀들을 보려면 제초제 살포는 다시 한번 생각해야 할 것 같다.

생각, 한 스푼 더

  시골의 논과 밭은 가장자리를 낮게 둑처럼 쌓아 경계를 짓습니다. 이것을 논두렁 밭두렁이라 합니다. 그런데 이런 논두렁 밭두렁은 모두 잡초가 지키고 있습니다. 잡초의 큰 역할 중 하나입니다.

  약초로서 효능을 가지거나 나물, 차 등 식용으로 쓰이는 잡초도 많습니다. 이름 모를 들꽃도 알고 보면 모두 잡초입니다.

  사람이나 잡초나 쓸모없다는 선입견과 핀잔보다는 쓸모의 재발견이 필요할 것 같습니다.

적당한 인생 짐

다섯 살 외손자는 눈만 뜨면 우리 집으로 온다.

우리 집에서 아침 먹고, 유치원 가고, 돌아오면 씻고, 저녁 먹고, 잠잘 때가 되어야 겨우 제집으로 간다.

작은딸은 결혼이 늦어져 우리 부부의 애를 태우다가 나이 마흔에 결혼하고, 이듬해 아들을 낳았다. 마흔이 넘어 얻은 아들이지만 첫애이니, 늦둥이보다 늦깎이라고 부르는 게 옳을듯싶다. 그 늦깎이 아들이 커서 벌써 다섯 살이 되었다.

아이가 태어날 무렵, 작은딸이 옆집으로 이사 오면서 자연스레 외손자 육아를 돕게 되었으니, 우리 부부는 육아도우미다.

그간 우리 부부의 일정은 자연스레 손자에게 우선순위가

맞춰져 있었다. 그러다 보니 여행은 고사하고 여러 모임에 참석하는 것조차, 자유스럽지 못하여 불편할 때가 종종 있다.

큰딸 아이들도 중학교 입학하기까지 돌봐줬지만, 그때는 60대 초반이라 지금보다 젊어서 그랬는지 그렇게 힘들지 않았었다. 그러나 70대 중반이 된 지금은 씻기고 먹이는 일은 물론 같이 놀아주는 자체가 힘에 부친다.
내가 곁에 없으면 아내 혼자로선 감당하기 벅찬 인생의 짐이 아닐 수 없다.
짐 없이 인생을 살아가는 사람은 없다. 살면서 맺어진 모든 인연도 알고 보면 짐을 주고받는 관계이므로 인생 자체가 짐이라는 생각이 든다.
가장이기 때문에, 부모이기 때문에, 자식이기 때문에 짊어지지 않으면 안 되는 등짐의 무게가 버거워 마음이 무겁고 힘들 때가 많다. 보통 사람들이 겪어내는 우리네 삶의 모습이다.

세상의 풍습대로, 어린 시절을 보내고, 공부하고, 취직하고, 결혼하고, 자식 낳아 기르고, 공부시키고, 결혼까지 시켰다. 봉양해 온 부모님마저 떠나보내고 나니 사람으로서 해야 할 책임을 다한 것 같아 마음이 홀가분하다.
무거웠던 인생 짐을 적당히 벗어버린 노년엔 어떤 삶을 살아야 잘 살았다고 할 수 있을까? 자문자답해 본다.

인생 3막에는 꼭 필요한 세 가지, 즉 건강, 돈, 친구를 갖춰야 노년이 행복하다고 한다. 그러나 건강, 돈, 친구는 노년에 사는 재미, 늙는 재미를 누리기 위한 필요조건일 뿐 노년의 행복까지 책임지는 충분조건은 아니라고 생각한다.

행복은 자기만족이다. 삶의 보람을 느낄 때 자족감은 피어난다. 삶의 보람과 명분에서 더 건강하게, 더 오래 더 잘 살아야 하는 이유를 찾아야 한다고 생각한다.

사람은 누구나 자신이 책임져야 할 인생의 짐이 있다. 형태나 모양은 다르지만, 대부분 자신의 인생 짐에 버거움을 느끼며 산다.

인생의 흐름은 짐의 무게로 나타난다. 짐이 없는 유소년기를 지나 청년기부터는 짐이 늘어나다가 피크인 중장년에는 버거울 정도로 무거워진다. 그러다가 노년에 이르면 점차 짐의 양과 무게가 줄어드는 것이 인생의 순환이라고 생각한다.

인생 짐의 무게가 한결 가벼워진 노년에는 아직 내려놓지 못한 적당한 무게의 짐이 내 삶의 의미일 수도 있다. 더 오래 살아야 하는 이유일 수도 있다. 또한, 일상의 활력소가 되는 삶의 에너지원이 되기도 한다.

짐이 남아 있다는 것은 아직 쓸모가 있다는 증표 아니겠는가? 바꿔 생각하면 짐을 모두 덜었다는 것은 "이제 쓸모가 다했다"라는 뜻이니 짐이 없다는 것보다 더 슬프고 가혹한 말이 또 있을까?

손자 돌보는 일이 힘겨울 때면 나도 모르게 "저 애가 없었다면…"하는 생각이 들기도 하지만, 이내 도리질하며 마음을 바꾼다.

만약, 아직도 결혼을 못 하고 중년이 되어버린 딸을 데리고 살아야 한다면? 설령 결혼했어도 자식 하나 없이 사위와 딸 둘만 적적하게 살고 있다면? 그런 모습을 지켜보아야 하는 나의 기분은 어떠했을까? 생각만 해도 끔찍한 고통에 마음이 못 견디게 아플 것 같다.

나는 늦깎이 손자 하나로 인생의 짐 때문에 견뎌야 하는 버거움보다 더 고통스러웠을 멍에를 벗을 수 있었다. 오히려 적당한 무게의 짐에서 삶의 의미를 찾고 행복을 누린다.

지게를 져본 사람은 안다. 빈 지게보다 적당한 무게의 짐이 얹힌 지게가 훨씬 지기 쉽다는 것을.

내 삶에 적당한 무게의 짐이 되어준 외손자가 고마울 뿐이다.

생각, 한 스푼 더

누구나 제 몫의 인생 짐이 버거워 힘 들어 합니다. 젊음으로도 이겨내지 못해 쓰러지는 사람도 있습니다. 노년인데도 인생 짐에 힘겨워하는 사람도 있습니다.

당신의 인생 짐이 무거우면 무겁다고 솔직히 말하세요. 너무 힘들어서 울고 싶으면 울어도 됩니다.

당신의 감정에 솔직해지세요. 긍정의 생각을 가지세요. 짐의 무게가 한결 가벼워질 것입니다.

나를 닮은 타인 그 이름 가족

내 형제는 다섯이다.

어려서는 가족이며 식구란 이름으로 함께 뭉쳐 살았다. 늘그막의 고개를 넘는 지금은 다들 결혼하여 자식 낳고, 그 자식들이 또 결혼하여 세포 분열하듯 새 가족을 만들어서 이젠 제법 대가족을 이뤘다.

가족 개념이 식탁을 마주 대하던 식구에서 피붙이로 넓어진 것이다.

두 달 전, 어머니가 돌아가셨다. 장례를 위해 슬하 가족들이 모두 모였다. 대개 집안 애경사에는 흩어져 살던 가족들이 자연스레 모이게 되지만, 형편이 서로 다른 탓에 가고 오는 길이 엇갈리는가 하면, 부득이 빠지는 사람이 늘 있기 마련이라 한 명도 빠짐없이 모두 모인 건 이번이 처음인 것 같다.

가족이란 무엇인가?
대답이 쉬울 것 같으면서도, 쉽지 않은 질문 앞에 생각이 무겁게 가라앉는다. 가족의 또 다른 이름은 '피붙이'다. 혈연으로 맺어진 가족 간의 사랑을 본능적으로 우러나는 천륜지정이라 한다.
사람들에게 부대끼고 생업에 지쳐서 물속에 넣었다가 건진 솜처럼 무거운 몸을 쉬고 싶을 때, 세상살이의 예리한 칼날에 스치고 찔린 상처가 쓰리고 아플 때는 물론이고 자랑하고 싶은 좋은 일이 생겼을 때도 제일 먼저 생각나는 게 가족이다.
방귀를 참으려 애쓰지 않아도 되고, 짜장면 먹으며 입가에 묻은 짜장 자국을 신경 쓰지 않아도 되며, 화장실의 휴지가 없으면 변기에 앉아서도 서슴없이 소리쳐 부를 수 있는 사람도 허물없는 가족뿐이지 싶다.
울 밖에서 보면 어느 집안이나 평온하고 화목한 것 같아도, 대문을 열고 들어서서 속내를 살펴보면 그렇지 않은 경우의 가족도 의외로 많다.

"형제끼리 우애가 참 깊은 집안인가 봐요"
유족이 많은 초상집에서는 서로 다른 생각과 주장으로 갈등과 긴장이 높아지고, 더구나 이 갈등이 장례비용이나 부조금 문제와 겹치면 체면을 뒤로하고 다투기까지 하는 경우가 종종 있다고 한다.

 그런데 어머니 장례는 장례식장 도우미들이 칭찬할 정도로 순조롭고 조용하게 마쳤다.

 내 형제들은 두루 무난한 성격이지만 살갑기보다는 오히려 무심한 편이라고 할 수 있다. 그런 탓인지, 다른 집처럼 뜨겁게 뭉치는 일도, 서로 화를 내며 부딪히는 일도 없이 그저 그런 뜨뜻미지근한 관계를 유지하고 있다.

 형제끼리 떠들썩한 화투판이나 혈기 방자한 술판을 벌이는 일도 별로 없고, 가족여행이란 이름으로 모두가 참여하는 나들이를 한 기억이 없다.

 어쩌다가 고스톱판이라도 벌일라치면 몇 판 돌기도 전에 하나둘 슬그머니 사라지니 판이 일궈지지 않는다. 모두 놀기 좋아하고 술도 잘 마시며 여행도 자주 다니는 편으로 알고 있는데 집안에서는 놀라울 정도로 조용한 우리 형제들이다.

 가족끼리는 서로 챙기고, 기꺼이 보살피며 서로가 서로에게 위로가 되는 든든한 울타리여야 한다.

 촌수에 따라 거리감은 있을지 몰라도 가족 사이에는 숨길 것이 없다. 당연히 허물도 없다.

 그런데 이상하게 가족 사이에 갈등이 없는 그런 집안이 드문 것 같다. 주변에서 가족 사이가 남남만도 못하다고 할 정도로 부끄러운 다툼을 벌이고 있는 사례를 종종 보고 들는다. 심지어 죽고 죽이는 사건까지도 심심찮게 보도되고 있다.

"가족 위기의 시대를 살아가고 있구나"라는 생각이 절로 들 때가 있다.

가족 간의 오해와 갈등은 좋은 의도로 시작하여 나쁜 결과를 만들어 낸다는 공통점이 있다.

보통, 가족 사이에는 허물없는 표현이 용인된다고 생각하지만 그건 아니지 싶다. 무의식적으로 거침없이 내뱉는 턱없고 무례한 언행은 가족이라고 해도 용서될 수 없는 것 아닌가?

사랑하는 마음을 앞세워 다른 가족을 필요 이상으로 구속하는 관심과 간섭도 당하는 사람에게는 불편하고 참기 어려운 고통이 될 수 있다.

가족은 나 자신이 아니다. 모습이 닮았을 뿐 엄연한 인격체로서 타인이다.

나를 닮은 타인들, 그 이름이 가족인 것이다.

그래서 가족 사이의 문제는 미술품처럼 한걸음 떨어져서 쳐다보는 지혜가 필요한 것 같다. 또한, 가족일수록 남들에게 지키는 예의와 체면을 더 예민하게 갖춰야 할 것이다.

뭉쳐서 뜨거운 열기를 과시하는 가족들을 보면 부러울 때가 많다.

하지만, 치열하게 다투고 싸우다가 결국 서로 남보다도 못하게 지내는 가족을 보면, 우리 형제들의 뜨겁지도, 차갑지도 않은 박제된 우애가 오히려 다행이라 생각하며 자위한다.

생각, 한 스푼 더

오해와 갈등은 가까이 있는 사람 사이의 부딪힘에서 유발되는 감정입니다. 멀리 떨어져 있으면 부딪칠 이유가 거의 없습니다.

가족으로서 사랑과 애틋함은 피붙이 본래의 마음이라지만, 가족 사이에도 적당한 마음의 거리가 필요하다는 생각을 해봅니다.

아내의 은퇴

아침 10시 전후, 커피 한잔 내리며 여유의 멋을 부린다. 팽팽했던 생각의 줄을 느슨하게 풀어 놓는다. 살림남의 일과를 마치고 나만의 하루를 시작하는 퍼포먼스다.

살림남이란 집에서 살림하는 남자의 줄임말이다. 요즘은 능력 많은 아내가 돈을 벌고 남편은 육아와 집안 살림을 도맡는 전업 살림남도 간혹 있지만, 나처럼 아침만 책임지는 한 끼 살림남은 생각보다 많은 것 같다.

정년퇴직하니 나는 한가해졌는데, 아내는 내 밥을 챙기느라 더 바빠졌다. 아침 먹고 나면 금세 점심 챙겨야 하고, 점심 설거지하고 나면 저녁상 반찬 준비에 온종일 주방을 벗어날 틈이 없는 것이 전업주부의 일상이다.

그래도 내가 직장에 나갈 땐 낮에는 여유가 있었다. 그 시간에 볼일도 보고, 친구들 만나서 수다도 떨고, 취미생활도 즐겼으련만, 내가 집에 들어앉으니 그런 시간마저 잃게 되었다.

그렇다고 본업인 주부를 벗어던지라고 할 수도 없지 않은가? 은퇴도 없는 평생직장이 종신직 주부다. 그래서 요즘은 "은퇴 남편 증후군"이라는 정신적 질환을 호소하는 환자가 많아졌다고 한다.

가족이 아프면 환자보다 간병하는 사람이 더 어려운 법이다. 새로운 병명(?)으로 등재해야 할 만큼 힘든 것이 간병이다. 그래서 무슨 병이든 아프기 전 예방이 최선이다.

아내가 은퇴 남편 증후군 스트레스로 환자가 되기 전 예방책으로 주부 은퇴가 최선이라는 생각이 들었다. "내가 은퇴했으니, 아내도 은퇴하는 것이 서로 공평한 일 아니겠는가?"

그런데 아내가 부엌에서 해방되는 것은 좋지만, 우리 식구의 삼시 세끼는 어떻게 해결해야 할까?

곰곰 생각한 끝에 점심은 서로 약속이 많으므로 따로 나가서 먹으면 되고 아침은 내가 맡기로 했다. 서로 약속이 없는 날은 자연스레 부부 외식으로 때우면 된다. 그리고 저녁은 아내가 준비하기로 했다. 이렇게 아내의 주부 은퇴가 자연스럽게 이루어졌다. 반면, 나는 시간부 살림남으로 취업 되었다.

누가 시킨 것이 아니라 순전히 자발적이었다.

아침을 챙기는 건 그리 어렵지 않다. 빵과 우유, 제철 과일 한두 가지, 거기다 삶은 달걀과 감자, 그 정도면 아주 훌륭한 식탁이 된다.

며칠 해보니 별거 아니라는 생각에 간이 부었던지, 나는 옆집에 사는 딸네도 아침은 우리 집에 와서 해결하도록 초대했다.

우리는 두 식구지만 딸네는 손자까지 세 식구였다. 우리보다 식구도 많고 출근 시간을 맞춰야 하는 번거로움이 뒤따랐지만, 아침마다 바쁘게 종종거리던 딸을 단 몇 분이라도 더 재우고 싶은 마음 때문이었다. 딸과 사위가 아침밥을 든든히 먹고 나가는 뒷모습을 보면 그저 흐뭇하다.

요즘은 요리하는 남자가 대세다. 스스로 음식을 만들어서 가족을 먹인다는 건 어느 무엇과도 견줄 수 없는 자기만족이고, 행복이다.

그렇다고 모든 날이 항상 행복하고 즐거운 것은 아니다. 아침에 몸이 무겁고 일어나기 싫지만, 아침 식탁을 차려야 한다는 책임감 때문에, 억지로 일어나야 할 때나, 식재료가 마땅치 않을 때는 그보다 짜증 나는 일도 드물다.

밥상 차리는 일은 단순하면서도 다양하다. 일 년 열두 달 하루도 빠지지 않고, 날마다 하루 세 번씩 끊임없이 반복하면서도 매 끼니를 새로운 반찬으로 밥상을 차리는 것만큼 복

합적이고 창의력이 필요한 일도 없을 것 같다.

 겨우 아침만, 그것도 빵과 과일로 때우는 상차림이지만, 직접 해오면서 몇십 년 동안이나 밥상을 차려 온 아내의 마음과 노고가 이해되었다.
 나는 그것을 왜 이제야 깨닫게 됐을까? 요즘 젊은 사람들은 가르쳐주지도, 배우지 않아도 서로가 알아서 착착 분담해서 잘하는 일을···.

가족의 틀 안에서

　인간은 혼자 살 수 없다. 그러나 모여 살다 보면 다양한 갈등이 생기기 마련이다.
　그러므로 사람이 사는 곳에서는 어디나 서로 평화로운 공존을 위해 규칙을 정한다. 법으로 정한 제도와 불문의 도덕을 공고화하여 일정한 틀을 만드는 것이다. 그 틀 안에 구성원을 가두고 행동이나 생각을 제약하며 구속한다.
　이러한 틀은 사회공동체는 물론이고, 사회 구성의 최소 단위인 가족 사이에도 당연히 존재한다.

　그런데 행복과 평화를 위해 만들어진 틀 안에 있는 것이 불편하고 행복하지 않은 경우가 너무 많다는 문제가 있다. 심지어 서로 얼굴을 보는 것조차 역겨울 때도 없지 않다. 더구나 그 상대방이 가족이라면?

　가족의 갈등 문제를 이야기한다는 것은 매우 조심스러운 일이다. 내 가족의 속사정을 밖으로 드러내기도 어렵지만, 다른 이의 가족에 대해 왈가왈부하는 것도, 주제넘은 일이기 쉬운 때문이다.
　그러나 잘 들여다보면, 오늘날 가족이라는 이름의 틀 안에 존재하는 누구의 가족이건 문제가 전혀 없는 그런 가족은 드문 것 같다.
　담장 너머에서 볼 때는 평온하고 행복한 집안이었는데 막상 대문을 열고 안으로 들어서면 그렇지 못한 집을 주변에서 제법 많이 보고 있다.

　"당신은 가족의 틀 안에서 행복하신가요? 서로 밀고 끌며 삶을 독려하는 가족에게 사랑을 앞세워 필요 이상 구속하거나 구속당해 본 적 있나요? 가족 사이에 허물없다는 핑계로 무심코 내뱉은 한마디 때문에 마음 아파본 기억 있나요?"
　내 가족을 생각하며 자문자답해 본다.

　절이 싫은 중은 떠나면 그만이지만, 싫다고 떠날 수도 없는 것이 가족이다. 좋든 싫든 서로에게 꼭 필요한 존재이기도 하다.

제도건, 도덕이건, 내적 양심이건 공동규범의 틀은 사람이 우선이고 사람을 위한 틀이어야 한다. 마찬가지로 가족의 틀도 어디까지나 가족공동체를 위한 틀, 가족 나름의 맞춤옷이어야 한다.

그런데 사람에게 옷을 맞추는 것이 아니라 옷에 사람을 꿰맞추어 본말이 전도된 쇼윈도 가족을 쉽게 찾을 수 있다.

5월은 가정의 달이다. 어린이날, 어버이날이 있어서 가족사랑과 효도의 마음으로 흩어져 살던 부모, 자식, 형제자매가 한자리에 모이고 함께 식사하며 가족의 행복을 확인하는 달이다.

혹시 내 가족이 겉으로만 행복하게 보이는 쇼윈도 가족에 해당하는 것은 아닐까? 우리 집안도 가족이라는 틀 속에 박제화된 행복을 가두고 있지는 않은가? 행여 가족의 틀이 깨어질까 봐서 사랑과 증오가 뒤범벅된 마음을 서로 감추고 전전긍긍하는 가정은 아닌지 톺아볼 일이다.

가족 중 어느 한 사람도 가족의 행복이라는 틀 안에 가두려고 하지 말아야 한다. 나의 기준 안에 다른 가족을 가두려고도 하지 않아야 한다.

유전자가 비슷하며 얼굴과 목소리가 서로 닮고 부모가 같다고 해도 나 아닌 가족은 엄연한 타인임을 깨달아야 한다.

남들에게 지키는 예절이나 체면을 가족에게는 더 잘 지키려고 노력해야겠다고 다짐하는 5월이 되면 좋겠다.

> **생각, 한 스푼 더**
>
> 가족은 서로를 꼭 필요로 하는 사람들로 구성된 관계입니다. 하지만 필요 이상으로 서로를 구속하는 사랑과 집착에서 발생하는 갈등이 대부분 가족 문제의 원인이 되고 있습니다.
> 때문에, 가족 사이엔 무조건적 참견이나 간섭보다는 믿음과 응원이 보약 아닐까요? 만약 이것이 어렵다면 가만히 지켜보는 것도 지혜로운 방법이 아닐까 생각합니다.

어른 노릇

"우리처럼 힘든 세대도 없을 것이다"
 친구들끼리 만나면 동지애를 느끼며 나누는 한탄의 서두이다.
 우리는 지독한 가난의 끝이 보이지 않을 것 같았던 6.25 전쟁 전후에 태어난 세대들이다.

 여름엔 쉰밥을 씻어 먹으면서도 그나마 굶지 않은 것이 다행이었고, 겨울엔 방구들 틈새로 스며드는 연탄가스의 위험과 궁핍을 당연하게 받아들였다.
 "근면, 자조, 협동"이라는 새마을 정신이 무엇인지 제대로 이해조차 못 하면서 "잘살아 보세"를 외치며 새마을운동에 앞장섰고, 조국 근대화의 초석을 다졌다.

경제개발을 앞세워 국민의 눈과 귀를 가리고, 길들이던 깜깜이 시절도 참아냈다.

이렇게 세류에 흔들리면서도 결혼하고, 새로운 가족을 만들고, 매달린 식구를 건사하며 오직 가난을 대물림하지 않겠다는 일념으로 마소처럼 일했다.

노후에 봉양해 줄 자식만은 좋은 세상에서 잘 살기를 바라며, 있는 돈, 없는 돈 아낌없이 교육비에 쏟았다.

그 시절이 유독 우리 세대만 겪은 불운처럼 느껴지는 억울함이 한탄의 절절함을 더 하는 것 같다.

하지만 우리의 한탄 속에는 "이만큼 잘살게 되고, 풍요의 시대를 누리는 것이 다 뉘 덕인 줄 아느냐?"라는 은근한 자긍심과 공치사가 숨어있다.

이것을 스스로 드러내기가 쑥스러워서 자랑의 실마리로 한탄을 먼저 쏟아 놓는지도 모른다.

세상이 달라졌다. 농경사회에서는 한세대가 넘게 걸리던 변화의 텀이 산업사회로 진입하며 십 년으로 줄더니 디지털을 건너 인공지능(AI) 시대인 지금은 일 년도 벌써 옛날이다.

부모와 자식 간은 죽으나, 사나 공동운명체인 줄 알았는데, 그리고 우리 노후는 자식들이 맡아줄 줄 알았는데 이제는 구석방 한 칸만 내주어도 효자 소리 듣는 세상이 되었다.

우리 세대의 소싯적엔 부모 봉양이 당연한 의무였는데 지금은 가정마다 정도의 차이는 있겠지만 부모 모시는 일이 자식들 사이까지 갈라놓는 분란의 씨앗이 되고 있다.

 이 시대를 사는 부모들은 쓸모없는 짐이 되어 버린 것 같다. 자식에게 기대지 않고 사는 노인들마저 자식의 눈치를 보는 사람이 많은 것 같다. 어떻게 처신해야 할지 참으로 불안하고 위태롭기 짝이 없다는 생각이 든다.

 어디 그것뿐이겠는가? 요즘은 PC를 동원할 필요조차 없이 핸드폰만 켜도 역사의 사례는 물론이고 지식과 지혜 심지어 요리의 레시피까지 세상사 모든 것을 검색할 수 있는 시대이다.

 이 때문에 세월의 더께만큼이나 두툼하고 생생한 우리의 경험과 지혜는 자식이나 손자들로부터 별로 환영받지 못하게 된 것을 넘어 때로는 귀찮은 존재가 되어버렸다.
 우리 세대의 실체적 자부심조차 자랑이 아니라 약점이 될 줄 어찌 알았겠는가? 나는 어른 노릇의 근거인 경험과 지혜가 쓰레기처럼 쓸모없게 되었다는 사실이 가장 슬프고, 생각할수록 화가 치민다.
 TV, 냉장고, 세탁기, 건조기, 소파처럼 가격이 만만치 않은 살림살이는 낡아도 바꾸기가 그리 쉽지 않다. 지금 우리 집에 있는 큰 살림은 모두 두 딸이 돌아가며 장만하거나 바꿔준 것이다.

아직은 쓸만한, 고장도 없고 잘 다루면 앞으로도 10년은 거뜬할 것 같은 물건들을 단지 세월이 좀 지난 구형이라고 폐기 처분하고 새로 사들이는 것은 죄로 갈 것 같다는 생각이 든다.

물건이나 사람이나 시간의 흐름만큼 중고가 되고 구식이 되는 것 아니겠는가?

제 자식 귀한 줄만 알았지 낳아주고 키워준 부모는 쉰밥 취급하는 시대에 그래도 효도한답시고 하는 일이라 아이들 마음 상할까 봐 입 닫고 따라가는 편이지만, 그럴 때마다 아쉬움이 많다.

어제는 딸네 식구와 외식했다. 무쇠도 소화 시킬 중2 손자가 속이 좋지 않다며 젓가락으로 음식을 해적거릴 뿐 별로 먹지 않았다. 음식이 제법 많이 남았다.

"우리 남은 음식 싸달라고 할까?"

"엄마, 젓가락으로 뒤집은 음식은 침이 섞여서 바로 상해요, 우리 이제 그 정도는 아니잖아요"

제 자식이 해적거린 음식을 부모가 싸간다는 것이 마음에 걸려 한 만류인 줄 알면서도, 나는 예사롭게 넘기지 못하고 기어이 한마디 하고 말았다.

"남은 음식 함부로 버리면 천벌 받는다"

나의 마음속에 가난의 기억이 워낙 강력하게 눌어붙어 있는지라 어느 틈에 그만 티를 내고 만 것이다. 꼰대 소리 들을까 봐서 늘 조심하면서도 결국 꼰대가 되고 말았다.

이래저래, 어른 노릇하기 참 어려운 세상이다.

생각, 한 스푼 더

크지도 작지도 않은 바닷가의 검은 바윗돌.
바닷가의 바윗돌들은 파도의 줄기찬 부딪힘에도 의연함을 잃지 않고 해변을 지키고 있습니다.
세상 파도에 맞서서며 당당하게 살아온 당신.
"그래, 평생을 열심히 살았고 지금도 아주, 잘살고 있는 거야. 사람 노릇하기 힘든 세상이지만, 당신만이라도 어른의 자리를 잘 지키길 소망해"
내가 나에게 보내는 응원의 말 선물입니다.

정상 가족과 비정상 가족

우리 집은 다가구 주택이다.

도시형 생활주택이라는 더 어려운 이름도 있지만, 가장 알기 쉽게 부르면 빌라다. 세대마다 거실 하나에 침실 둘, 세칭 스리룸 구조인 데다 엘리베이터도 갖추고 있어서 흡사 작은 아파트 같은 이곳에 모두 열한 세대가 모여 살고 있다.

3층 할머니는 1인 가구다. 자식에게 얹혀서 눈칫밥 먹는 것도 싫지만, 자식 내외에게 더 많은 자유를 주고 싶어서 분가해 산다고 했다.

노후를 자식한테 의존하지 않으려고 나름대로 준비를 많이 한 것 같다. 조금도 쉬지 않고 늘 움직이는 역동적인 할머니는 파크 골프도 하고 댄스 교실, 노래 교실도 다니며 아주 자유롭게 노년을 즐기는 멋쟁이시다.

  2023년 주민등록 인구통계 분석자료에 따르면 우리나라 전체 가구의 41.5% 즉 10가구 중 4가구가 1인 가구다. 우리 집은 11세대 중 8세대가 1인 가구이니, 전국 평균의 거의 두 배가 되는 셈이다.

  여하튼 여럿이 모여 살다 보면 서로의 속내도 대충 알게 되고 이야깃거리도 많아서 심심찮다.

  예전에 몇 달 살다 나간 여자분이 생각난다.

  그녀는 아파트 재개발 때문에 2년 정도 거주할 집을 찾는다며 직접 찾아와서 계약서를 썼다.

  입주하던 날은 부부가 가방 몇 개만 가지고 이사부터 마친 다음, 취사도구와 간단한 살림살이를 사들였다. 가구나 큰 짐이 없는 것을 조금 이상하게 여겼지만 별로 신경을 쓰진 않았다.

  그런데 그들이 입주하고 네댓 달 지났을 무렵, 낯선 여자 몇이 몰려와 짧은 시간 사이에 험한 욕설을 주고받으며 큰 싸움이 났다.

  구경 중에는 싸움 구경이 제일이라는데 고성 속에 발가벗겨진 그들의 사생활은 재미를 넘어 흥미로웠다. 들은 이야기 조각들을 주워 퍼즐 맞추기를 해보니 그들은 부부가 아니었다. 불륜관계의 남녀가 방을 얻어 밀회 장소로 이용한 것이었다.

그것을 남자의 배우자가 알게 됐고, 응원군 친구들 몇과 함께 쳐들어온 것이었다.
재미난 이야기는 빠르게 입에서 입을 건넜고 우리 집 입주자들 모두가 사실관계를 알게 되었다.

어느 모임에서 내가 재미 삼아 그 불륜 남녀 이야기를 했더니 그 자리에서 한 지인이 나에게 물었다.
"빌라에 사는 사람들은 대부분 정상 가정이 아니라면서?"
그 순간 "겨우 한가지 아는 것으로 열 가지를 넘겨짚으면 그렇게 생각할 수도 있겠구나"라는 생각이 들며 "아차!" 싶었다.
빌라에 거주하는 전국의 1인 가구를 도매금으로 욕보인 것 같다는 생각이 들었기 때문이다.

1인 가구는 동거가족 없이 혼자 사는 세대를 말한다. 혼자 사는 이유야 각양각색이겠지만, 그 자체를 문제라고 할 수는 없다. 그런데도 우리는 묘한 편견을 가지고 있는 것도 사실이다.
현재는 1인 가구 1,000만 시대라고 한다. 머지않아 1인 가구의 비율이 50%를 넘길 것 같다.
사람들은 흔히 평균 이상인 다수의 집단을 보편타당하게 여기며 정상이라고 부른다. 그런데 가족 개념을 내포하는 가구를 단순한 수치 논리로만 구분할 일은 아니라고 생각한다.

1인 가구가 평균 50%를 넘는 다수가 된다면, 그때는 1인 가구를 정상이라고 여길 수 있을까?

아무리 평균을 넘어선다고 해도 1인 가구를 정상 가족이라고 하기엔 좀 께름칙하다. 가족 문제에 있어서 만은 정상과 비정상을 나누는 경계의 기준이 그리 단순하지 않기 때문이다.

전통적 가족 개념은 혈연관계를 기반으로 부모와 형제자매로 이루어진 조합만을 정상 가족이라고 생각한다. 1인 가구를 비롯하여 이혼 또는 사별처럼 가족관계에 결핍이 있거나, 혈연으로 맺어지지 않은 입양 가족 등은 비정상으로 여긴다. 거기다가 은연중에 깎아내리는 경향마저도 없지 않다.

그러나 이제껏 고정관념으로 정립된 전통적 가족 개념은 변화되어야 할 필요가 있다.

가족의 범위가 점차 다양해지고 생성과 해체가 현재 진행형인 가족을 정상과 비정상의 완성형으로 확실하게 구분할 수는 없다. 또한, 가족이면 그냥 가족이지 정상 가족과 비정상 가족으로 구분하려는 사회적 기준이나 인식은 그 자체에 문제를 내포하고 있기 때문이다.

굳이 가족을 정상과 비정상으로 나누고 싶다면 가족 구성원의 조합만으로 정상, 비정상을 나누던 전통의 사회적 개념보다 가족 간 정서적 유대감 정도를 기준으로 정상과 비정상 가족을 나누는 것이 오히려, 더 인간적인 가족 개념이 아닐까?

　부모, 형제자매 등 구성원의 조합은 빠짐없이 갖추었지만, 매일 서로 싸우며 갈등하는 가족보다 1인 가정, 이혼가정 등 통념적 가족 구성에 결손이 있을지라도, 피붙이가 아닌 자신의 의지로 선택한 가족, 정신적으로 맺은 가족일지라도 정서적으로 서로 끈끈하게 지지하고 응원하는 관계가 더 행복한 가족이라고 생각한다.

　이런 가족이 바람직한 정상 가족 아닐까?

생각, 한 스푼 더

　사람의 마음속에 굳어진 부정확한 선입견이나 이미지를 고정관념이라고 합니다. 버려야 할 부정적 의식인 줄 알면서도 그것이 쉽지 않습니다.

　우리는 아니라고 말하면서도 가족 문제에 대한 고정관념을 많이 가지고 있습니다.

　고정관념은 깨버려도 아프지 않습니다. 버려도 아쉬울 것이 하나 없는 장애물일 뿐입니다.

셋째 마당

망할 친구들이 보고싶다

인생의 모래시계

　나는 대중목욕탕을 자주 찾는다.
　대부분 집안에 목욕 시설을 갖춘 요즘에도 대중탕의 인기는 여전한 것 같다. 아마 단순히 몸만 씻는 곳이 아니라 마음도 씻고, 때로는 이웃들과 만나 세상 돌아가는 이야기도 듣는 소통의 장소가 동네 목욕탕이기 때문이라고 생각한다.

　대중탕은 들어가는 순간, 마술처럼 빈부 격차가 사라지고 평등한 공간이 된다. 세상의 거추장스러움을 떨치듯 모두가 옷을 벗어버린 탕 안에서는 빈부를 구분하기 어렵다.
　서로 벗은 몸을 보고, 보여주어도 아무렇지 않은 곳이다. 더구나 욕조 안에 몸을 담그고 앉아 있으면 누가 누구인지 분간조차 어렵다.

따끈한 물의 온도에 몸의 피로가 풀린다. 체온이 1도 올라가면, 면역력도 그만큼 좋아진다니 목욕은 이래저래 좋은 것 같다.

목욕탕 안에는 내가 제일 좋아하는 사우나실도 있다. 알몸으로 육수 뽑기 경쟁을 하지만, 옆 사람들을 신경 쓸 필요가 없다. 간혹 벌렁 누워있거나 스트레칭을 한다고 나대는 사람만 없다면 이보다 편안한 곳이 또 어디 있을까? 사우나실은 사색의 명소이기도 하다.

내가 다니는 목욕탕 사우나실엔 작은 유리공 두 개가 좁고 잘록한 통로를 맞대고 있는 모양의 모래시계가 하나 놓여 있다. 한쪽 유리공에 채워진 모래가 다른 쪽으로 빠져나가는 양으로 시간을 잰다. 용도에 따라 시간을 조정하여 만든 모래시계는 내가 사우나에 얼마 동안 앉아 있었는지, 흘러가 버린 시간을 쉽게 체감할 수 있다.

시간은 서로 처음과 끝을 물고 이어지는 속성을 가지고 있다. 우리가 흔히 사용하는 아날로그 시계는 시간, 분, 초를 가리키는 바늘이 문자판 위를 쉼 없이 돌고 돌며 항상 현재 시각만을 알려줄 뿐이다. 디지털 시계도 바늘 대신 0에서 9까지의 문자가 무한 반복되는 것일 뿐, 현재 시각만을 나타낸다는 점에서는 큰 차이가 없다.

한없이 돌고 도는 시계의 속성은 이 순간이 끝없이 영원히 이어질 것 같은 착각에 빠지게 한다. 언젠가는 끝이 있는 인생인 줄 알면서도 천년만년 살 것처럼 사는 것도 아마 시계의 속성에서 비롯된 착각 때문이라는 생각이 든다.

모래시계는 처음과 끝이 분명하다. 주어진 총량과 남아 있는 양을 한눈에 알 수 있다.

사람의 일생도 이와 같다. 사람들은 태어나는 순간 자신만의 모래시계를 하나씩 받는다. 인생의 시간은 모래시계에 담긴 모래의 양만큼 정해져 있다. 태어나는 순간부터 모래는 떨어지기 시작해서 지금도 끊임없이 바닥을 향해 낙하하고 있다.

사우나실 모래시계와 다른 것은 인생 모래시계는 떨어진 모래의 양은 보이는데 남아 있는 모래의 양은 보이지 않고 알 수도 없다는 점이다.

동네 목욕탕 사우나실의 모래시계는 5분용인데, 내 인생의 모래시계는 몇 시간용이나 될까? 지금까지 살아온 시간을 대략 환산해 보면 63만 시간 정도 되니 그보다는 큰 용량일 것 같다. 얼마나 남았을까? 그것은 누구도 알 수 없다.

또, 사우나실의 모래시계는 뒤집으면 새로 시작할 수 있지만, 인생의 모래시계는 다시 시작할 수 없는 일회용이란 점이다. 모래시계의 마지막 모래 한 알이 내려가는 순간, 욕심부리며 기고만장하던 우리 인생도 숨이 멎는다. 다시 돌이킬 수 없다.

말기 암 환자에게 내려진 시한부 선언처럼 내 인생 시계의 남은 모래가 얼마인지 미리 알려준다면 나는 어떠한 마음으로 남은 삶을 살게 될까?

모든 사람에게 인생의 남은 시간을 개별적으로 은밀하게 알려준다면 이 세상에는 어떠한 변화가 올까? 숙연하게 마지막을 준비하는 경건 세상이 될지 아니면 모두가 미쳐서 돌아가는 발광 세상으로 변하게 될지 궁금하다.

인생 시계의 남은 모래가 얼마인지 알 수 없게 만든 하늘의 섭리를 숙고하며, 후회 없는 삶을 다짐해 본다.

생각, 한 스푼 더

우리는 장애자의 불편과 아픔을 바로 알고 이해하기 위해 눈을 가리고 걷거나 휠체어를 타고 이동하는 장애자 체험을 합니다.

우리의 남은 생애가 얼마 동안인지는 아무도 모릅니다. 그러나 여생을 어떻게 살아야 할지는 간단한 체험으로 알 수 있습니다.

남은 생이 3개월, 6개월뿐이라는 가정 아래 시한부 인생을 체험해보면 어떨까요?

민초들이여

    삼월 삼짇날, 강남 갔던 제비가 꽃을 물고 돌아왔다. 방천 따라 길게 뻗은 산책로 주변에 풀꽃이 지천이다.
    제비꽃, 자운영, 꽃잔디 등 어쩌다 이름 아는 꽃도 있지만, 대부분 이름도 모르는, 그냥 풀꽃들이 나름의 역경과 순경을 겪으며 피워낸 꽃으로 색색의 삶을 이야기하고 있다.

    나태주 시인은 〈풀꽃〉이란 시에서 "자세히 보아야 예쁘다. 오래 보아야 사랑스럽다. 너도 그렇다."라고 했다.
    풀꽃은 가까이 다가가서 보아야 예쁘고, 여럿이 모여있을 때 더 예쁘다. 코를 가까이하고 예민하게 벌름거려야 향기를 맡을 수 있다.
    "내 향이 어때서? 내 향기를 못 맡는 것은 네 코 탓이지…"

얼굴을 가까이 들이미는 나에게 종지나물이라고도 하는 미국 제비꽃이 나직이 한마디 한다. 있는 것 같기도, 없는 것 같기도 한 향기는 풀꽃 나름의 자존심일까?

풀꽃 향기가 앉았던 자리에 내 인생을 앉혀본다.
사람은 한 사람, 한 사람이 모두 귀하고 개성 있는 존재지만, 전체로 묶어서 보면 들판에 널린 풀꽃처럼 대개 그저 그렇다. 풀꽃 향기처럼 있는 듯 없는 듯 존재감이 드러나지 않는 보통 사람일 뿐이다.
서로 잘남을 뽐내고 있지만, 우리는 모두 인생 시나리오의 대사 있는 역할은 고사하고 행인 1, 구경꾼 2에도 미치지 못하는 군중에 불과하지 않은가?
너와 나 우리 모두 세월이 제법 흐른 훗날 이름조차 기억에서 지워지고 역사 속의 백성으로 묶어서 불리게 될 민초 아닌가?

민초들이여!
각자의 향을 뽐내며 홀로 돋보이려고 발돋움하기보다는 서로 어울려 살기를 좋아하고, 풍찬노숙일망정 삶의 무게를 핑계로 비굴하게 굽실거리지 않고, 다른 꽃들을 업신여기지도 않는 풀꽃의 당당함을 보아라.
사람이 뭐가 그리 대단한 존재라고 산야에 피어있는 풀꽃을 가벼이 여길까?

풀꽃이나 우리나 이름 없이 스러질 풀이 긴 마찬가지 아니든가.

생각, 한 스푼 더

　사람이든, 동식물이든 생명은 존재 자체로 신의 완벽한 걸작이며 완전한 개체입니다.
　늘 견주고 상대해야 하는 이웃과 친구, 친척, 가족은 개개인이 모두 귀한 생명이며 나와 함께해야 하는 동행일 뿐입니다. 비교 대상이 아닙니다.
　자신을 다른 사람과 비교하는 건 쓸데없는 일입니다. 스스로 과소평가하거나 과대평가하면서 인생을 낭비할 필요는 없다고 생각합니다.

망할 친구들이 보고 싶다

진안에서 원고청탁이 왔다. 열흘의 시간을 주며 진안에 관한 글을 써주란다.

요즘 그저 그렇고 그런 나른함에 중독되어 있던 내 뇌리가 갑자기 팽팽히 당겨졌다. 거절하면 그만이지만, 꼭 써야 할 것 같은 의무감에 뒤죽박죽 섞여 있던 진안에서의 추억을 소환하기 시작했다.

진안군은 나의 근무지였었다. 겨우 2년이라는 짧은 기간이었는데, 무슨 놈의 추억은 그리도 많은지….

주차 공간이 많은 주차장에선 차를 이리 댈까, 저리 댈까 갈등이 생긴다. 진안이 생각날 때마다 앞자리를 다투는 기억

중에서 진안군 속언에 관한 이야기를 하나 추켜잡았다.

예전부터 "진안 친구 망할 친구"라는 말이 있었다. 나는 이 말의 유래나 얽혀있는 내력을 잘 모른다. 언제부터 쓰였는지, 좋은 의미 인지 나쁜 뜻으로 쓰였는지도 분명하지 않았다. 그런데 진안 사람들끼리만 모인 자리에서도 서로 서슴없이 "진안 친구 망할 친구"라는 말을 입에 올리니 진의가 헷갈리기 일쑤였다.

그런데 "친구 망할 것은 진안 친구"라는 다른 속언과 비교해서 짐작해 보면 그리 유쾌한 뜻으로 쓰인 것 같지는 않다. 진안 사람들이 자신을 스스로 비하하며 자조적으로 뱉어내는 말 같아서 귀에 거슬리기조차 했다.
나는 "망할 친구"의 '망할'을 역설적인 좋은 의미로 해석해 보았다. 그리고 지역신문에 "진안 친구 망할 친구"라는 제목으로 망할 친구가 나쁜 뜻이 아님을 주장하는 글을 기고했다.

당시 기고했던 "망할 친구"에 대한 나름의 해석을 여기에 전재해 본다.

"왜 진안 사람들은 서로를 '망할 친구'라고 이야기할까? 툭 까놓고 물어보기도 민망해서 속으로만 되새기다가 나도 모르게 익숙해질 무렵, 의외의 곳에서 의문이 풀렸다. 바로 우리 집에서다.

어느 날 퇴근하고 집에 들어가니 서울에서 직장에 다니는 둘째 딸이 내려와 있었다. 오랫동안 얼굴을 보여주지 않은 딸에 대한 원망과 반가움이 뒤섞여 나도 모르게 '망할 녀석'이라는 한마디가 툭 튀어나왔다. 망할? 망할! 순간 무의식적으로 웃음이 터져 나왔다.

"진안 친구 망할 친구"는 정 깊은 진안 사람들이 서로에 대한 사랑과 그리움을 표현하는 함축적 의미임을 이제 알았다. 실로 "거시기"보다도 더 오묘하며 정감 넘치는 표현이 아닌가? 헤어지면 보고 싶은 사람, 며칠 못 보면 안부가 궁금한 사람, 연락이라도 없으면 애간장을 태우게 하는 사람은 정말 망할 친구가 맞다."

문제가 터졌다. 웬만한 남자보다 더 듬직한 신문사 여사장님이 다급하게 전화를 해왔다.
"명색이 부군수라는 사람이 어떻게 진안 사람을 모독할 수 있느냐?"라며 어느 단체에서 항의를 해왔단다. 그리고 "단체로 부군수님을 항의 방문하겠다"라고 하니 대비해야 할 것 같다는 것이다.

나는 바로 회자의 근원을 짐작했다. "진안 친구 망할 친구"라는 제목만 보고 열을 받은 것 같아서 "오시는 것은 언제든지 환영인데 글 전체를 끝까지 읽어본 다음에 오시라고 전해주세요."라고 했다.

문제의 항의 방문단은 15년이 넘은 지금까지도 아직 도착하지 않았다.

이젠 잊을 만도 하고 모르는 체해도 할 말 없는 세월이 흘렀다. 그러나 내 마음은 아직도 진안고원을 떠나지 못하고 있다.

나만 그럴까?

진안 사람 몇몇은 지금도 변함없이 소식을 전해주고, 가끔은 넉넉한 인정까지 나눠주고 있다.

그들은 참으로 망할 친구들이다.

전주에서 진안까지는 자동차로 채 한 시간이 걸리지 않는다. 마음 같아서는 날마다라도 찾아가 보고 싶지만 그렇지 못하는 것이 현실 아닌가?

10년이면 강산도 변하고, 눈에서 멀어지면 마음도 멀어진다는데 기억조차 가물가물하도록 세월이 흘렀음에도 한결같은 정을 베풀어 주는 진안 사람들이 참 고맙다.

진안에서 얻어온 추억마다 여물고 여물어서 알밤같이 통통한 그리움이 되었나 보다. 진안고원이 그립고, 진안 사람들이 그립고, 그 시절이 그립다.

　망할 친구들이 보고 싶다. 내일은 용담호라도 한 바퀴 돌아 봐야겠다.

> **생각, 한 스푼 더**
>
> 　오래된 우물 안쪽으로 머리를 넣고 야! 하고 소리치면 우물도 야! 하며 더 길게 대답합니다. 아련한 어린 시절, 놀이의 추억입니다.
> 　그래서일까요? 나는 시골집 뒤꼍에 있는 우물을 발견하면 괜히 기분이 좋아지고 반갑습니다.
> 　나에겐 진안이 오래된 우물 같은 곳입니다.

매실나무 인연

"가을비, 봄바람"이란 말이 있다. 가을에는 비가 많고, 봄에는 바람이 많이 부는 계절의 특징을 일컫는 말이다.

겨울의 삼한사온도 없어지고, 봄이 왔는가 싶으면 어느새 여름이 들이닥치는 이상기후의 시대에도 '봄에는 바람'이라는 말만은 틀림없는가 보다.

어제는 하루, 낮과 밤을 센바람으로 채웠다. 오월의 날씨라고는 믿기지 않을 만큼 장대비를 동반한 바람에 울안의 나무들은 어둠에 비명을 매달고 몸을 떨어야 했다.

새끼손가락 끝마디 크기의 앙증스럽던 매실은 일찌감치 삶을 마감했다. 봄바람은 하늘의 섭리로 더 크고 튼실한 열매를 소망하는 자연의 적과 작업이라지만, 떨어져 버린 어린 생명이 너무 가여워 안쓰럽고 짠하다.

　저리 이르게 생을 마치려고 꽃에서 열매의 눈을 찾아내고 양분을 빨아대며 지금까지 애써 매달려있었던 것은 아니었을 텐데….

　우리 집 마당에는 제법 튼실한 매실나무가 한그루 있다. 유실수라기보다는 정원수 삼아 심었는데 이른 봄마다 매화를 피워서 겨우내 움츠렸던 마음을 녹여주는 기쁨과 함께 덤으로 매년 한 광주리가 넘는 매실 수확의 보람까지 안겨 준다.

　아내는 그 매실로 해마다 매실청을 담근다. 농약을 전혀 하지 않은 귀한 것이라고, 손주들이 먹는 음식을 만든다든지 손님을 접대할 때만 아껴서 사용하고 있다.

　10여 년 전에 매실나무를 심어준 그가 생각난다.

　인간이 살아가면서 부딪히는 모든 만남은 인연에서 비롯된다. 매실나무가 이어준 그와 만남도 인연이었다.

　하루에도 수없이 만들고 지워지는 인연 속에는 삶의 획을 긋는 분명하고 질긴 인연보다는 그저 스치듯 지나친 입김 같은 인연, 또는 좋고 나쁨을 떠나서 기억조차 하지 못하는 인연이 훨씬 더 많은 것 같다.

　평소에는 잊힌 듯 생각 없이 지내다가 어떤 꼬투리 때문에 기억이 재생되면 그리움처럼 피어나는 인연도 있다. 매실나무를 보며 무언가 생각하다 보면 내 기억의 문을 열고 부끄러운 듯 고개 내미는 그 사람처럼.

그는 조경업자였다.

구덩이를 파고 나무를 앉히면서 나에게 "나무에도 얼굴이 있고, 등이 있다"라고 가르쳐주었다. 이리저리 돌려가며 앞뒤를 맞추고, 미술품 감상하듯 조금 떨어져서 주변과 어울리는지도 살폈다.

몇 번을 그렇게 살피고, 돌려놓으며 제자리를 찾는 숙고의 과정을 거쳤다. 나무 심기가 끝난 다음엔 물이 곁으로 새지 않게 둥글게 만든 물집을 촘촘히 다졌다.

그리고 물집 가장자리, 흙을 메운 부분의 땅속 깊이 호스를 박아 관수했다. 그래야 공기층이 없어지고 흙이 골고루 메워져 활착이 잘되기 때문이란다. 그뿐 아니다. 지주목까지 세운 다음, 일을 깔끔하게 마무리했다.

업자들은 시간이 돈이다. 짧은 시간에 더 많은 일을 해야 생산성이 높아지고 주머니가 빵빵해진다. 그러나 돈만 생각하다 보면 시간을 줄이기 위해서 작업을 대충 대충하기 마련이다.

그런데도 그가 매실나무 한 그루에 시간을 물 쓰듯 했던 이유가 단지 나무에 대한 애착 때문만이었을까?

어떤 만남이라도 인연을 소중하게 생각하는 그의 진정성 깊은 심중을 읽어내지 못했던 것 같다.

우리 집을 지으면서 여러 공사업자를 만나는 동안 굳어진 편견 때문이라고 핑계를 대보지만, 아무튼 소중함을 소중하게 받아들이지 못했다.

  그와 만남을 스치듯 지나치는 인연, 입김처럼 금세 사라질 인연으로 여긴 탓이다.

"수형이 제일 좋은 것으로 골라 왔다"라는 그의 말이 으레 늘어놓는 자랑이나 생색내기가 아니었음을 아둔한 나는 한참 뒤에야 깨달았다.

  미안하다는 말이라도 전하고 싶었다. 이름이나 연락처라도 받아둘 것을…

  "매실 수확하는 날, 내 말을 하게 될 것입니다."라고 했던 그의 말이 옹이처럼 가슴에 박힌 후회가 되었다.

  그가 눈앞에서 아른거린다.

생각, 한 스푼 더

"매 순간을 생애의 마지막으로 생각하고 소중히 살아가라"라는 응우옌 투안 추기경(베트남)의 옥중 편지가 생각납니다.

현재는 미래를 여는 문입니다. 어떻게 사는 것이 현재에 충실하고 미래를 잘 여는 삶일까요?

이 순간이 내 생애의 마지막이라고 생각한다면 스쳐 지나가는 사소한 인연조차도 허투루 대하지 않을 것 같습니다.

아마 이것이 충실한 현재를 살아가는 최선의 모습이며 마음의 자세 아닐까요?

매실나무를 심어 준 그가 그랬듯이 말입니다.

지금이 좋습니다

나이란 무엇일까요?

나이는 '낳다'에 접미사 '이'가 붙어 생겨난 말로, '낳이'인데 'ㅎ'이 탈락해서 '나이'가 됐다고 합니다. 즉 낳은 날로부터 얼마 지났는가를 따지는 단위이지요. 국어사전에는 "사람이나 생물이 나서 살아온 햇수"라고 적혀 있습니다.

우리나라와 일본, 중국, 베트남 같은 일부 국가는 태어나면 한 살이고 다음 설날부터 설날마다 한 살씩 올라가는 세는나이를 적용합니다. 서양을 비롯한 대부분 국가는 태어나면 0살로 시작해서 생일날마다 한 살씩 올라가는 만 나이를 쓰고 있습니다.

정부에서는 2023년 6월부터 국민의 나이를 "만 나이"로 통일했습니다. 그동안 별문제 없던 나이 셈법을 굳이 법률로 통일한다고 무슨 실익이 있는지 모르겠지만, 설날과 신정의 문제가 되풀이될 것 같다는 예감이 듭니다.

아무튼, 한 살은 무조건 줄었고 생일이 지나지 않은 사람은 두 살이 젊어졌다고 좋아하는 친구도 있습니다. 공문서상의 나이가 줄었다고 실제로 젊어진 것일까요? 나이는 숫자에 불과합니다.

유엔이 새로 분류한 나이 기준을 보면 0~18세는 청소년, 19~65세 청년, 66~79세 중년, 80~99세 노년, 100세 이상을 장수 노인이라 한답니다.

유엔 기준에 따르면 나는 아직 중년입니다. 그런데 내가 79살까지 중년이었다가 한해, 더 정확히 말하면 하루 뒤 80세가 되면 갑자기 노인이 되는가요? 나이는 숫자놀음일 뿐입니다.

한세상 살아보니 나이만큼 쓸모없는 것도 없습디다. 서로 위아래를 가린다고 나이를 따지고 다툼도 일어나지만, 나이만으로 위아래를 가리려는 사람보다 측은한 사람은 없을 것 같습니다.

명심보감 '준례편'에 보면 천하에 어디에서나 통하는 높은 것으로 "조정막여작, 향당막여치, 보세장민막여덕"이라고 했습니다. 조정에서는 벼슬만 한 것이 없고, 마을에서는 나이가 우선이며, 백성을 다스리는 일에는 덕이 제일이라는 뜻입니다.

  숫자에 불과한, 겨우 고향 동네에서나 유세 거리가 될 뿐인 나이를 앞세우는 것은 세상사에 자신감을 잃은 사람의 마지막 무기라는 생각이 듭니다. 사회생활을 하면서 나이 어린 상사를 만났을 때 직장에서는 물론이고 사석에서도 아랫사람 대하듯 하기가 어디 그리 쉽던가요?

  일에 대한 열정과 힘이 아직도 한창인데 정년이 되었다고 하루아침에 뒷방 늙은이 취급당할 때 빼놓고는 나이가 적다고 좋은 것도, 많다고 나쁜 것도 아닙니다.
  나이보다는 나이에 걸맞은 언행과 처신이 더 중요합니다. 그런데 그게 그리 쉽지 않습니다.
  누군가에게 무시당했다는 느낌이 오면 얼른 자신을 먼저 돌아보아야 합니다. 존중받지 못한 이유를 곰곰 생각해 보면 나이에 합당한 어른 노릇을 제대로 못 한 점이 드러나더라고요. 나이만 많다고 어른이 아닙니다.

  때로는 나이가 삶의 짐이 됩니다. 한참 성장하는 청년기를 지나 인생이 원숙해지는 중년이 되면 쌓인 나이만큼 책임은 무거워지는데, 자신감은 날이 갈수록 줄어들기 때문에 삶이 버거워집니다.
  그래서 중년 이후에는 박력 있게 밀어붙이는 추진력보다

요령으로 일을 하게 되더군요.

   나이가 들어갈수록 어른 노릇도 만만치 않은 부담입니다. 거기다가 현역에서 은퇴까지 하면 자존감마저 형편없어집니다.

   오죽하면 집에서 한 끼도 안 먹는 남편을 최고 "영식이" 한 끼만 먹는 남편은 귀여운 "일식이" 두 끼 먹는 남편은 그냥 "두식이" 세 끼를 다 먹는 남편은 형편없는 "삼식이" 세 끼를 다 먹고 간식까지 먹는 남편은 "간나쉐끼"라는 유머 시리즈까지 만들어서 놀려대니 우울증에 안 걸리면 다행이지요.

   그래서 "나이가 든다는 게 화가 나"라는 노래도 있을 만큼 나이 콤플렉스에 시달리는 사람이 많은가 봅니다.

   그렇지만 은퇴한 뒤에야 겨우 인생의 여유를 맛보았다는 친구, 지금까지 살아온 세월 중 지금이 가장 살맛 난다는 은퇴자도 많습니다.

   나도 지금이 좋습니다. 현역에서 물러난 지 10년도 훨씬 넘은 70대 중반이지만, 자식들 양육 부담이 있을까? 무엇을 이루고 싶은 욕심이 있을까? 인생의 큰 짐은 모두 덜어내고 적당한 무게의 소일거리만 남은 지금이 좋습니다.

   나와 비슷한 나이인데도 자녀 취업문제, 결혼문제로 애를 태우는 사람들 있습니다. 그분들에겐 죄송하지만, 자식들 모두 직장 잘 다니고 결혼해서 아들, 딸까지 두었으니 할 일 다 한 듯 홀가분하고 마음도 가볍습니다.
 더도 말고, 덜도 말고 이 정도면 됐다는 생각에 더 바라지도 않습니다.

> **생각, 한 스푼 더**
>
> 젊음이 노력한 결과로 얻은 상이 아니듯이 늙음 또한 어떤 잘못 때문에 받은 벌이 아닙니다.
> 도전할 일이 있으면 지금도 늦지 않았습니다. 이제, 그만 쉬고 싶거나 편안해지고 싶으면 그 또한 그렇게 하세요. 세월에, 나이에 얽매이지 마세요.
> 지금 당신은 존재 자체만으로도 삶의 가치를 아는 품격있는 어른입니다.

말과 잘의 앞뒤

　분위기가 한껏 무르익었다. 술잔이 어지럽게 오가고 여러 가닥의 대화들이 얽히고설켜 허공을 직조하던 와중에 구석 쪽에서 버럭 소리가 들렸다.
　"그래! 나 치매다. 어쩔래?"
　고함과 함께 내 맞은편 맨 끝에 앉아 있던 K 선배가 벌떡 일어섰다. 동시에 눅진하고 왁자했던 모임 분위기는 흡사 "동작 그만"의 구령이 떨어진 것처럼 일시에 얼어버렸다.
　"야 이 사람아, 왜 그래? 왜 화를 내고 그래?"
　K 선배와 겸상하던 C 선배다. 모임을 하다 보면 사소한 다툼이나 신경전은 늘 있기 마련이지만, 고함을 지르고 자리를 박차고 일어나는 일은 드물다.
　분위기가 이쯤 되자 곁에 앉았던 사람이 황급히 일어나 K

를 주저앉히고 C는 K에게 사과했다.

"그냥 아무 의미 없이 한 말인데 자네 맘에 걸렸다면 미안하네. 농담을 농담으로 듣지 않고 정색하니 오히려 내가 무안하네"

"그게 농담이라고? 나를 놀린 것이지. 말을 가려서 하게."

사태가 마무리된 것으로 생각했는데 그게 아니었다. 주변의 만류에도 K가 먼저 가버렸다.

며칠 뒤 총무로부터 그날의 경위를 자세히 들을 수 있었다.

70대 후반의 K 선배는 평소에 깜빡깜빡 잊기를 잘했다. 조금 전 일도 잊는 경우가 잦아지니 아들이 치매 검사를 권했단다.

검사 예약을 한 뒤로 가족들은 벌써 치매 환자라도 된 듯 그를 조심스레 대했고 그것이 더 큰 스트레스였다. 검사를 앞두고 치매 생각만 하면 지다가도 벌떡 일어날 정도로 예민해졌다.

그런 그에게 C 선배가 대놓고 "치매 걸렸냐?"라고 해버렸으니….

K는 순간 버럭 화를 냈고. C는 분위기에 밀려 어쩔 수 없이 사과는 했지만, 농담을 농담으로 받아들이지 못하는 K가 서운했다. 그래서 사과 끝에 한마디 덧붙였는데 K 선배는 농담도 받아들이지 못하는 좀생이라는 뜻으로 오해하고, 더 화를 낸 것이다.

자초지종을 듣고 보니 다음날 치매 검사를 앞둔 K 선배의 예민함이나, 뜻 없는 농담 한마디 때문에 무안하게 된 C 선배의 기분이 이해되었다.

누구의 잘못이라고도 할 수 없는 해프닝의 발단은 말이었다.

사람 사이의 갈등은 대개 말에서 비롯된다.

요즘은 정보통신의 발달로 말의 확산력이 빠르고 생명력 또한 길어서 하루면 알만한 사람은 다 아는 소문이 되고, 잊힌 듯 묻혀있던 것이 두고두고 문제가 되기도 한다. 그래서 말에는 늘 후회가 뒤따르는 만큼 설화舌禍를 경계하는 격언도 많다.

사람이 처신하는데 말을 잘한다는 것은 굉장히 귀중한 자산이다. 그래서 다들 말솜씨가 능숙한 사람을 부러워한다.

말은 웬만큼 연습하고 훈련하면 누구나 능변가 수준으로 잘할 수 있다고 생각한다. 하지만 말조심을 강조하는 경구를 살펴보면, 말을 잘하기보다, 잘 말하는 것이 더 중요한 것 같다.

비록 눌변일지라도 때와 장소, 상대와 분위기에 따라 적절하게, 넘치지도, 부족하지도 않게 잘 말할 것을 교훈하고 있다.

"말을 잘하는 것"과 "잘 말하는 것"은 그게 그것 같지만 '잘'

이 '말'의 앞에 있느냐 뒤에 오느냐 즉, '말'과 '잘'의 앞뒤에 따라서 말의 가치는 하늘과 땅 차이로 달라진다.

"말로 천 냥 빚을 갚는다"라는 속담이 있다. 이때의 말은 '말 잘'일까? '잘 말'일까?

그런데 "말을 잘하는 사람"은 많아도 "잘 말하는 사람"은 드문 것 같다.

술은 참 유용한 음식이다. 사람 사이에 얽힌 오해나 매듭을 푸는데 술만 한 음식도 없다. K와 C 선배를 한자리에 모시고 술자리를 만들었다.

소주 몇 순배에 오해와 앙금은 햇볕 만난 안개처럼 사라졌다. 치매 검사를 받으며 긴장했던 이야기와 정상 판정을 받은 K 선배의 자랑 아닌 자랑이 대화에 조미료가 되었다.

두 분 선배는 술에 취하고 나는 그들의 이야기에 취했다.

마음 찾으러 가는 길

소쇄한 풋 봄의 아침이다. 바람은 쌀쌀맞은 처녀처럼 냉랭해도, 겨우내 날 선 냉천을 견딘 나목들의 깡마른 가지를 더듬는 햇살은 제법 따사롭다.

봄 하늘은 조용한 함성으로 햇살 가득 투명한 바람을 만들고, 수줍은 꽃망울은 풍선처럼 부풀어 노란 개나리 꽃잎이 된다.

산을 오른다.

초입부터 울울한 나무들이 반긴다. 언제 와도 반갑게 대하며 허물없이 등허리를 내어주는 완산칠봉. 그래서 나는 완산칠봉을 좋아하나 보다.

내 것이면서도, 남의 것인 듯 내 뜻대로 조절되지 않는 마음이 길을 잃고 허공을 헤맬 때는 산에서 마음길을 찾아야 한다.
 마음은 찾는 것이 아니라 버리는 것이란다. 여러 갈래로 뒤엉킨 마음을 한 가닥 한 가닥 참빗으로 빗어 넘기며 쓸모없이 넘치는 마음은 길가 진달래꽃 옆에 잠재워 둔다.
 너무 비어버려 가슴이 헛헛하다 싶으면 온화한 바람과 따사로운 햇살에 잘 마른 마음 한 움큼만 다시 주워 담는다.
 그렇게 한발 한발 언덕을 오르고 고개를 넘는다.

 어느새 정상이다. 한숨 고르며 팔각정 기둥에 등을 기대고 파란 하늘을 본다. 수세미 속 같던 마음에 정돈된 길이 훤히 드러난다.
 청명한 하늘처럼 맑게 수습된 고실고실한 마음을 누린다.

넷째 마당

여기가 곰스크야

꿈은 욕심입니다

 사람은 누구나 제 나름의 능력과 꿈을 가지고 이 세상에 왔습니다. 그러나 태어나는 순간부터 능력을 발휘하고 꿈을 좇아 달리는 이는 아무도 없습니다.
 나이가 들어가면서 서서히 자기 능력을 찾아내고 발현하면서 어린 시절엔 어린이의 꿈을, 청년기엔 청년의 창대한 꿈을, 중장년기엔 중장년의 원숙한 꿈을 채워갑니다. 이것이 인생입니다.
 그런데 이러한 꿈이 우리에게 큰 기쁨을 줄 수도 있지만, 가장 큰 괴로움이 될 수도 있습니다. 꿈 때문에 삶이 힘들 수도 있습니다.
 사람마다 주어진 능력은 이 세상에 사는 사람의 수효만큼이나 각양각색으로 다양하지만, 미래를 꿈꾸고, 바라는 것을 끊임없이 갈망하며 자신의 그릇을 채우기 위해 수고를 아끼지 않는 삶의 모습은 누구에게나 거의 비슷합니다.

 그리고 대부분 바라던 꿈의 그릇을 다 채우지 못하고 조상들이 한결같이 떠나갔던 그 길을 따라 떠나는 것 또한, 누구나 같습니다.

 그런데 모든 꿈이 밤하늘의 별처럼 아름답고 좋은 것만은 아닙니다.

 한세상 살아보니 자신의 의지와 노력으로 도저히 이룰 수 없는 꿈은 헛꿈입니다. 능력에 벗어나는 헛꿈은 사지도 않은 로또의 당첨을 기다리는 것처럼 그저 공상일 뿐입니다. 그저 욕심입니다. 이 욕심이 마음을 허기지게 하고, 삶을 피폐하게 만드는 정신 암입니다.

 어느 날 나는 꿈을 정리하였습니다. 쓸데없는 헛꿈을 버리고 나니 늘 헛헛했던 삶이 배부르게 느껴집니다. 그런데 헛꿈이 있었던 빈자리에 어느새 만족이 채워져 있었습니다.

 크든, 작든 만족하면 행복한 것 아니겠습니까? 먼저 버려야 채워지는 원리를 깨달았습니다.

대숲 바람

 하늘 물색이 참 곱다. 이제 막 물에서 헹궈낸 듯 말간 햇살이 청명한 아침을 인사한다. 산야의 만물이 밝은 미소로 화답한다.
 어제 밤새워 내린 비는 요란했지만, 뒤끝이 좋았는지 생기가 넘친다.

 아침 일찍 화단부터 살핀다.
 밤사이 비와 함께 찾아와 쏴 소리를 내며 허리가 휘어지게 불던 센 바람에 며칠 전 옮겨 심은 대나무가 염려되었기 때문이다.
 바람에서 새 기운을 채우고, 비로부터 영양분을 흠감한 이파리의 창연한 서슬에서 배부른 여유를 읽는다. 가슴을 한껏

펴고 빳빳이 각을 세운 날카로운 댓잎에 햇살이 부딪혀 부서진다. 반짝이는 물비늘이 쏟아진다.

대나무는 이름만 나무지, 사실은 볏과에 속한 다년생 풀이다.

식물이 나무로 분류되려면 껍질이 단단한 목피와 키가 크는 것에 비례해 둘레도 굵어지는 부피 성장의 두 가지 요건을 갖춰야 한다. 엄연히 나무로 대접받는 대나무지만 굵기는 죽순 때 이미 결정되고 키만 클 뿐이기에 이론상 나무가 못 되고 풀이란다.

대나무에는 청죽과 오죽이 있다. 오죽은 겉껍질이 검은 대나무를 말한다. 흔한 청죽보다 자태가 소슬하고 빛깔이 절묘하다. 오죽은 죽순이 나온 첫해엔 청죽처럼 녹색으로 성장하다가 다음 해부터 점으로 시작된 검정 빛깔이 세월에 얹혀 번지고 짙어지며 비로소 제 모습을 드러낸다.

강릉의 오죽헌을 연상해 보면 자신의 자태와 함께 덤으로 주변까지도 돋보이게 하는 오죽의 고상한 품격과 매력을 알 수 있다.

대숲에는 바람이 산다.

철 따라 먼 곳에서 불어오는 바람이건, 근동에 살며 잠시 마실 나온 바람이건, 할 일 없이 지나가는 바람이건, 어떤 바람이라도 대숲을 만나면 잠시 머무르며 숨 고르기를 한다.

"대는 속이 비어서 제 속에 바람을 지니고 사는 것이라, 대나무는 그냥 가만히 서 있어도 대숲에는 저절로 바람이 차기 마련"이라고 말한 최명희 작가(소설「혼불」)의 관조처럼 대숲에는 늘 바람이 있다.

우리 집 오죽 울타리를 대숲이라고 부를 수는 없지만, 바람 소리만큼은 숲에 버금갈 정도로 넉넉하다.

나는 숲이건 울타리건, 대나무가 일궈내는 바람 소리를 좋아한다. 그것은 굳이 날씨의 영향을 받지 않는다. 바람기 한 점 없는 청명한 날에도 대나무가 모여있는 곳에선 소소한 바람이 인다. 저희끼리 수군거리며 귀가 젖을 만한 소리를 만들어 낸다.

오늘 아침처럼 큰 비바람이 지나간 뒤에는 안도의 숨을 쉬며 잔뜩 움츠렸던 긴장을 털어내려는 듯 아무런 뜻도 없이 제 이파리를 세워 흔들며 심심한 소리를 내기도 하고, 때에 따라선 회초리처럼 날카로운 소리로 사나운 심사를 드러낸다.

어떤 바람이든지 대나무가 일으키는 바람 소리에 어지러운 마음을 맡기면 번거롭고 덕지덕지한 속진이 소리의 물살 따라 일시에 씻겨나가는 듯하다. 나는 그 청명함이 좋다.

그런 대숲 바람을 늘 가까이 두고 싶어서 옆집과의 경계에 담장 대신 대나무 울타리를 세우기로 했다. 담장과 잇대어 있는 화단에 오죽을 길게 늘여 심었다.

우리 집 화단은 시멘트 바닥에 한 자정도 높이로 옹벽을 세우고 흙을 채웠기 때문에 화단이라기보다는 널따란 화분이라고 해야 마땅하다.

화초를 가꾸고 기르기에는 부족함이 없지만, 물을 좋아하고, 추위에 약한 대나무 생육환경으로는 그리 좋지 않은 편이다.

그런 줄 알면서도 오죽을 심은 건 순전히 나만 좋자고 부린 내 욕심이 아닐 수 없다. 아무리 식물일지라도 남의 목숨을 담보로 내 오감을 채우려는 것보다 더 큰 억지는 없을 것 같다.

사람이 부모를 선택할 수 없듯이 나무는 자신이 자랄 땅을 스스로 선택할 수 없다. 행여 얼어 죽을지도 모르는 땅에 강제로 이주당한 우리 집 오죽은 나를 보면서 무슨 생각을 할까?

울타리 주제에 대숲 못지않게 불어내는 바람 소리는 어떻게든지 살아보려는 의지의 천명일까? 주어진 환경에 대한 원망일까?

아침이면 으레 오죽을 문안한다. 번거로워도 내 욕심이 걱정거리 하나를 더 보탠 것이니 누구를 탓할 수도 없다.

지금이라도 무르면 그만이련만, 대숲 바람 소리가 좋은 탓에 그러고 싶은 생각이 없다.

이 욕심의 끝은 어디까지일까?

> **생각, 한 걸음 더**
>
> 인간의 도리와 세상의 순리를 거스르는 과한 욕심은 당장엔 기쁠지 모르지만, 훗날 큰 어려움의 원인이 될 수 있습니다.
> 만족해야 할 때 만족하고, 멈춰야 할 때 멈추는 지혜와 용기가 필요합니다.
> 죽어 가는 대나무를 보며 얻은 깨달음입니다.

여기가 곰스크야

인문학 강의를 들었다.
"인생의 성공을 위해서는 목표를 잘 설정하고 모든 에너지를 집중하라"라는 요지였다.
주제와 강사의 말이 부합되고 그럴듯했다. 모든 일의 목표는 동기를 부여하고 행동을 유발하는 순기능 때문에 중요하다.
하지만 인생길에서는 목표가 오히려 바람직한 삶을 사는 데, 걸림돌이 될 수 있다.
목표 달성을 위해서는 곁눈질하며 헛된 시간을 쓰지 않도록 시야를 좁혀서 앞만 보고 경쟁적인 속도로 빠르게 달려나가야 한다. 그런데 목표에만 집착하다 보면 자칫 삶의 목적을 잊고 목표가 목적으로 전도될 위험이 있기 때문이다.

강의를 듣는 내내 오래전에 읽었던 독일의 소설가 《프리츠 오르트만》의 단편소설 「곰스크로 가는 기차」가 떠오르며 마음 바닥을 긁어 파랑을 일으켰다.

"어느 부부가 기차를 타고 곰스크 여행길에 오른다. 곰스크는 사내가 어릴 적부터 아버지에게 들어온 꿈의 도시다. 기차가 작은 시골 마을 간이역에 두 시간 동안 정차하는데 아내와 숲속에서 달콤한 시간을 보내다가 그만 기차를 놓치고 만다.

그 마을에서 다음 기차를 기다리며 임시로 거주하던 남편과 아내는 곰스크에 대해 서로 다른 입장을 보인다. 주인공인 남편은 여전히 곰스크로 가는 다음 기차표를 사기 위해 돈을 모으고, 아내는 곰스크 따위엔 관심이 없다. 그저 현재가 좋을 뿐이다.
아이가 하나, 둘 생길 때까지 그곳에 머무르면서도 주인공은 여전히 곰스크를 꿈꾼다. 지금 사는 곳은 잠깐 머무는 것뿐이기에 마을 사람들과 관계를 맺지 않고 관심도 가지지 않는다.
아내는 그런 남편이 안쓰럽다. 일주일 동안 마을 이장 댁에서 일해주고 남편의 고단한 몸을 쉬게 할 안락의자를 얻어온다. 남편은 오직 곰스크만 생각할 뿐 안락의자는 안중에 없다.
드디어 다음 기차가 정차했다. 안락의자를 버리고 떠날 수 없다는 아내와 실랑이하다가 남편은 혼자라도 떠나겠다며 기차에 오른다. 기차가 출발하려는 순간 아내의 임신 사실을 알게 된 남편은 출발하기 시작한 기차에서 뛰어내린다.

남편은 시골 마을의 선생님이 되었다. 정원이 딸린 사택은 부부의 삶을 더욱 풍성하게 한다. 남편에게는 책들이 있는 서재가 생기고 다락방에 머무는 늙은 교사와는 좋은 친구가 된다. 결국, 그는 곰스크에 가지 못했다."

꿈꾸던 목표를 이뤄야만 성공한 인생이고 그렇지 못하면 실패한 인생일까?
  인생의 목적은 행복한 삶이다. 사람들이 보편적으로 바라는 부와 권력, 명예는 행복하기 위한 조건일 뿐이다. 행복하기만 하다면 그것들은 없어도 그만이고 있어도 그만인 군더더기일 뿐이다.
  행복이란 삶의 목적을 이루기 위해 저마다 나름의 구체적인 목표를 정하고 실천해 나가는 과정이 인생 아니겠는가?

인생길은 경로가 많다. 골목길, 자갈길은 나쁘고 넓고 빠른 포장도로만 좋은 길은 아니지 싶다.
  한세상 살아보니 삶의 운치는 골목길에 있었고 주변을 돌아보며 해찰할 때 여유가 있었다.
  도반과 함께 나누고 베풀며 얻기도 할 때 가슴이 더 따뜻하고 촉촉하지 않았던가. 그때가 행복이었음을 이제야 깨닫는다.

늑장 부리고 어기적거리다가 목표에 이르지는 못했지만, 목표의 성패야 어쨌든 지금 행복하면 그것으로 충분하지 않은가?

이 깨달음을 조금 더 젊었을 때 알았더라면 참 좋았을 것을….

곰스크를 꿈꾸던 내가 나에게 보내는 말의 선물로 삶의 노고를 위로한다.

"여기가 곰스크야, 넌 이미 오래전에 곰스크에 도착했던 거야."

생각, 한 스푼 더

기독교에서는 모든 것을 얻으려면 아무것도 얻으려고 하지 말라고 말합니다. 불가에서는 자아를 버려야 진정한 자아를 찾을 수 있다고 말합니다.

목적을 이루는 길은 수없이 많지만, 목적을 버림으로써 목적에 다다르는 것이 목적을 이루는 진정한 길이라는 것입니다.

물처럼 살라 하네

　아침 운동으로 가끔 천변을 걷는다.
　아직은 이른 시각이다. 하늘과 땅 사이에 푸르스름한 새벽이 풀리며 스미고 있다. 밤새도록 어둠을 어르고 달래느라 진이 빠진 달은 제 색깔을 잃고 핏기 없는 하얀 얼굴로 힘없이 떠 있다.
　하늘은 여명을 머금었지만, 아직은 앞에 오는 사람의 얼굴이 얼른 분별 되지 않는 시각. 어둠을 씻어내는 물소리만 저희끼리 수군거리고 있다.

　어제 내린 비 덕택에 전주천의 물길이 넓어지고 깊어져 넉넉한 모습으로 찰랑거린다.

저 물은 어디서부터 시작되었을까. 발원지는 어디일까? 그럼, 그 발원지의 수원은? 생각들이 꼬리를 물며 엉킨다.

"여수여풍이종아如水如風而終我 – 물같이 바람같이 살다가 가라 하네"

나옹선사의 청산가 한 구절이 생각난다. 물같이 살기를 소망하는 사람이 많은 것 같다. 그런데 물처럼 산다는 것은 무엇일까?

물은 흐른다. 높은 곳에서 낮은 곳으로, 위에서 아래로 흐른다. 어느 곳에서는 물소리 때문에 다른 소리를 제대로 들을 수 없을 정도로 요란스럽게, 또 다른 어느 곳에서는 흐르는 듯 마는 듯 소리조차 없어도 도도히 흐르는 물은 멈추는 법이 없다. 흐르다가 장애물을 만나면 일단 부딪쳐 보지만 억지스럽게 이기려고 하지 않고 돌아서 간다. 막힌 곳에 갇히면 가득 채워준 뒤에 넘어간다.

물은 담는 그릇에 따라 모양이 달라진다. 작은 그릇에 들어가면 작아지고, 큰 통에 쏟아 놓으면 커진다. 구부러진 용기에 담으면 구부러지고, 모양이 앙상하거나 유별난 그릇에선 물 또한, 그릇 따라 앙상하고 유별나게 보인다.

그래서 물을 순리에 거역하지 않는 순응의 아이콘이라고 한다. 또한, 더러운 것을 깨끗하게 하는 속성을 지녔으므로 정화와 순결의 대명사이기도 하고, 어느 곳에서든지 낮은 곳만을 찾는 속성으로 겸손의 상징이기도 하다.

　물은 그릇과 자리와 염량세태에 따라 모습을 바꾸며 순응하지만, 자신의 본질을 잃는 법이 없다.

　더우면 증발하여 구름이 되고, 추우면 얼음이 된다. 하늘의 구름은 이윽고 비가 되어 산천을 적시고, 땅속으로 스며 들어간 물은 없어진 것처럼 보이지만, 지하수가 되어 샘의 원천을 이룬다. 본래의 모습을 되찾는 것이다.

　물처럼 끈기 있고 강한 것도 없다. 바위가 물길을 막아서면 바위도 모르게 세월을 두고 천천히 깎아내 큰 바위를 몽돌로 만들어버린다.

　물이 화를 내면 그보다 무서운 것이 없다. 물의 격노 앞에서 하천 둑은 물론이고 요지부동인 산마저도 힘없이 무너진다. 집채를, 심지어 사람까지도 서슴지 않고 집어삼키는 악마의 얼굴이 순응, 순결, 겸손의 상징인 물의 또 다른 일면이다.

　물처럼 살고는 싶다. 하지만 물의 선한 얼굴처럼 순응, 순결, 겸손의 모습으로만 살라는 뜻이라면 나로서는 어려울 것 같다. 나 같은 속인에겐 구두선口頭禪 일 뿐이다.

　물처럼 살고는 싶지만, 무골호인無骨好人이 되고 싶지는 않다. 겸손해야 할 때는 겸손하지만 화가 날 때는 참지 않고 화를 내는 삶을 살아야겠다. 순리에 거역하지 않고 사람의 본질을 잃지 않도록 늘 각성하며 노력하는 삶을 살아야겠다.
　이것이 사람답게 사는 길이고, 양면을 다 갖춘 물처럼 사는 것 아니겠는가?

생각, 한 스푼 더

　삶에서 가장 중요한 것은 사람의 본질을 지키려는 진실한 자세와 노력이라고 생각합니다. 이것이 사람다운 삶을 이루는 기본이기 때문입니다.
　거짓된 행위는 결국 거짓된 삶이 되고, 과잉된 행위는 과잉된 삶을 불러들이고, 헛된 꿈은 헛된 삶을 불러올 뿐입니다.

미련을 버리던 날

우리 집 마당 한 모퉁이에는 창고가 있다.

세 평 남짓한 헛간 용도지만 텃밭의 농자재와 연장 그리고 살림 도구를 보관하는 공간으로는 그만한 곳도 없다. 원래 닭장 용도로 지었는데 당장 쓸모없는 물건들을 넣어두기 시작하면서 자연스럽게 창고가 되었다.

나는 물건을 쉽게 버리지 못하는 습성이 있다. 그래서 쓸모없는 물건도 습관처럼 일단 창고에 넣어두다 보니 그곳엔 자주 쓰는 연장도 있지만, 가끔 쓰거나 아예 쓰지도 않는 자질구레한 잡동사니들로 늘 만원이다.

가끔은 필요한 물건을 찾으려고 넣어둔 기억을 더듬어 찾으면 보이지 않는다. 없는 것이 아니라 못 찾는 것이다. 보관한 위치를 명확하게 기억하지 못하면 깊이 잘 넣어둔 것들은 감춰 둔 것이나 다름없다. 내가 숨기고 내가 못 찾는 꼴이다.

그런데 필요할 땐 그렇게 찾아도 보이지 않던 것들이 쓸모없을 때는 "나 여기 있소" 하며 눈앞에 나타난다. 우리 집 창고에선 이런 묘한 숨바꼭질이 예사로 벌어진다.

오늘도 그랬다. 지난봄에 어항용 산소발생기를 비닐봉지에 싸서 넣어 두었다. 그런데 그 위치가 기억나지 않아서 그것을 찾기 위해 쟁여둔 물건들을 하나둘 꺼내다가 창고도 정리할 겸 안에 들어있던 것을 모두 꺼냈더니 무려 1톤 트럭으로 한 대 분량도 넘는 것 같았다.

꺼낸 물건들을 종류별로 분류해서 늘어놓으니, 마당에 빈자리가 없다. 이 많은 것들이 어떻게 그 좁은 창고 안에 모두 들어가 있을 수 있었을까?

내친김에 창고 청소를 시작했다. 청소란 털고 쓸고 닦아서 깨끗하게 하는 일인데, 창고 청소는 청소가 아니라 정리 개념이었다. 어느 정도는 버려야 청소가 된다. 그런데 버리기가 쉽지 않다.

버리긴 버려야 하겠는데 하나하나 살펴보면 버릴 물건이 없다. 당장엔 쓸모없지만 언젠가는 긴요하게 쓰일지 모른다는 생각 때문이다. 욕심이라기보다는 미련이다.

고르다 보면 한 가지도 못 버릴 것 같아 새로운 결심을 했다. 지난 1년 동안 한 번도 쓰지 않은 물건들은 모두 버리기로 작정했다. 1년 동안 쓰임새가 없었다는 것은 앞으로도 거의 쓸 일이 없다는 것과 다를 바 없다.

그런데 나에겐 쓸모가 없어도 필요한 사람들은 요긴하게 사용할 수도 있을 것이란 생각이 들었다. 그래서 쓸 만한 물건은 그냥 가져가도록 표시해서 집 앞에 내놨더니 집 앞이 때아닌 '아나바다' 장이 들어섰다.

"아나바다"는 경제가 어렵던 시절 표어인 "아껴 쓰고, 나눠 쓰고, 바꿔 쓰고 다시 쓰자"의 준말이다.

오래되었어도 멀쩡한 온수 매트와 사은품으로 우리 집에 왔지만 한 번도 사용하지 않은 소형세탁기는 내놓자마자 임자가 나타나, 작별 인사도 없이 게 눈 감추듯 사라져서 아쉽기조차 했다.

이런 나에게 이웃 사람이 "마음을 비웠냐?"고 물어왔다. 나는 마음을 비운 적이 한 번도 없다.

마음을 비웠다는 말은 욕심을 버렸다는 뜻인데 욕심은 사람의 본능이다. 그런 본능을 어찌 그리 쉽게 버릴 수 있겠는가? 주변에 마음을 비웠다고 말하는 사람이 간혹 있는데 그 사람들은 정말 비우고 비웠다고 하는 것일까?

거의 절반 이상을 버린 덕분에 창고 공간이 넓고 시원해서 보기가 좋았다.

언제라도 쓰일지 모른다는 미련 때문에 가지고 있던 물건만 버린 것뿐인데도, 이토록 개운한데 쓸 계획도 없으면서 욕심으로 남긴 것까지 다 버린다면 얼마나 가볍고 시원할까?

창고를 정리하고 나니 내 마음도 이렇게 비워보고 싶어진다. 버리기 어려운 욕심을 버리려고 애쓸 일이 아니라 매사에 거추없는 애착과 미련만 버려도 마음의 여백이 넉넉해지지 않겠는가?

운명 그리고 인연

사람은 저마다 운명을 타고난다고 한다.

주변에 능력과 열정은 넘치는 데 하는 일마다 실패하는 사람이 있는가 하면, 별다른 능력이 있는 것 같지도 않은데 손대는 일마다 성공을 거두어 미다스의 손으로 불리는 사람도 있다.

이런 것을 보면서 우리의 삶이 저마다 타고난 복에 따라 결정된다는 운명론을 실감하게 된다.

남의 이야기가 아닌 나의 지난 세월만 돌이켜봐도 막연하게나마 인생을 움직이는 초자연적인 힘을 느낄 때가 많았다. 사람 일은 모두 운명이 지배하고 있으며 아무도 운명을 거스를 수 없다는 말에 고개를 끄덕일 때도 있었다.

하지만 나는 운명이란 말보다 인연이란 말을 더 좋아한다. 책을 읽을 때도 운명이란 단어가 나오면 인연으로 바꿔 읽는 버릇이 있다.

태어나면서부터 정해져서 타고나는 데다가 변화의 융통성조차 없는 운명의 차가운 느낌보다 인연의 따뜻한 질감이 좋아서다.

피천득 선생님은 「인연」이란 수필에서 "만나고 싶다고 마음대로 만날 수 있는 것도 아니고 만나고 싶지 않다고 피할 수도 없는 것이 인연"이라고 했다.

이 말을 문자적으로만 생각하면 인연과 운명이 그게 그것 같고, 구분하기가 어렵지만, 변화의 여지가 있고 없음의 관점에서 보면 그 차이가 크다는 것을 알 수 있다.

운명은 인간을 포함한 우주의 일체를 지배하는 필연적이고도 초인적인 힘을 말한다. 태어나는 순간 사주팔자에 따라서 한번 정해진 운명은 절대 변하지 않는 과거 완료형이다. 하지만 인연은 내가 하기에 따라 얼마든지 변화하고 발전이 가능한 현재 진행형이라고 할 수 있다.

인연은 인因과 연緣의 합성어다. 사람이 인력으로 어떻게 할 수 없는 원인이나 조건이 인因이고, 인에서 비롯되어 발전 확장되는 묶임이 연緣이다. 즉, 인은 인간의 힘으로 어떻게 할 수 없지만, 연은 자신의 의지에 따라 얼마든지 달라질 수 있는 변수이다. 이 변화의 여지가 미리 정해진 운명을 바꾸는 인생의 숨통이며 신의 한 수가 아니겠는가?

 오늘, 내 인생의 지렛대가 되어준 인연 하나를 지웠다. 정과장님. 그가 선조들이 간 길을 따라 떠났다는 부고를 받고 나도 모르게 눈물이 났다. 50년 가까이 이어온 그와의 추억이 눈물길 따라 무성영화처럼 조용히 흘렀다.

 나는 1975년에 말단 면서기로 공직을 시작했다. 당시, "면서기"란 힘없고, 돈 없고, 인맥 없는 사람을 가리키는 대명사였다.
 새마을사업이 한창이던 시절이라 상급 기관에서는 시도 때도 없이 현장 확인과 감사를 했다. 그때마다 잘했다는 칭찬은 커녕 내 목이 하루에 몇 개라도 모자랄 지경이었다. 하나뿐인 모가지를 지키기 위해서는 상급 기관으로 영전하는 것이 최선이라고 생각하며 백방으로 노력했다.
 내가 보기엔 별 볼 일 없는 친구도 군청이나 도청 같은 상급 관서로 쉽게만 가던데 학연도, 혈연도, 지연도 없는 나에겐 그야말로 넘을 수 없는 장벽이었다.
 누구 말마따나 빽과 돈은 힘이고 능력이었다. 면서기가 거스를 수 없는 내 운명이라고 생각하며 물에 젖은 솜이불처럼 살고 있을 때 그를 만났다.

다른 지역에서 근무하던 정 과장님이 내가 근무하던 읍사무소 부읍장으로 부임한 것이다.

사무관 승진 시험을 앞두고 있던 그는 수험 준비에 필요한 자료들을 나에게 부탁했다. 나는 할 수 있는 최선의 도움을 드렸다.

시험에 합격한 그는 1년도 안 되어 인근 K 군청 과장으로 전출되어 떠났다. 아쉽고 서운했지만, 회자정리會者定離 아니던가. 만나면 헤어지기 마련이지만 그것이 인연의 끝은 아니었다.

그는 나를 K 군으로 불렀고 그것이 내가 K 군청을 거쳐서 도청까지 영전하는 발판이 되었다.

정 과장님과 인연이, 그의 도움이 지렛대가 되어 면서기에서 벗어날 수 있었다.

이 사실조차 태어날 때부터 정해진 운명이라고 우긴다면 할 말 없지만, 아무튼 내 운명은 그와의 인연으로 바뀌었다고 믿고 있다.

나도 정 과장님처럼 누구의 운명을 바꾸어준 일이 있었을까? 그런 인연이 있기나 했을까?

세상사 모두가 인연으로 이루어진다. 인생은 인연의 실로 직조된 한 장의 천이다. 나는 너의 인과 연이 되고 너는 나의 인과 연이 되어 함께 존재하는 것이 우리의 삶이 아니겠는가.

살다 보면 예기치 않은 난관이나 교착상태에 빠져 힘들고 어려울 때가 있기 마련이다. 이럴 때 귀인이 나타나 도움을 주는 경우가 있다.

누구나 인생에 한두 번쯤은 이런 은인을 만나게 된다고 한다. 어떤 인연이 지렛대이고, 어느 인연이 장벽이 될지는 스스로 하기 나름일 뿐이다.

인연을 소중히 여길 일이다.

> **생각, 한 스푼 더**
>
> 따지고 보면 우리네 삶 자체가 만남의 연속이고 인연의 축적이라고 생각합니다.
> 개인뿐만 아니라 가정이나 사회의 평온이나 혼란도 그 구성원 사이의 만남이 좌우합니다.
> 만남은 인因입니다. 우리의 할 일은 다가온 모든 인연을 소중히 여기고 아름다운 만남으로 연緣을 가꾸어가는 것 뿐입니다.

달걀의 말씀

오랜만에 친구 B가 찾아왔다.

그는 중학생 시절 옆집에서 하숙하던 동네 친구로 인연을 맺어 어언 50년이 넘는 세월을 함께한 죽마고우다. 그는 성품이 온화하여 도드라지지 않고 자신을 겉으로 드러내지 않는 조용한 사람이다. 그리고 빈손으로 우리 집을 찾는 일이 없을 만큼 마음이 깊고 세심한 배려가 있는 따뜻한 사람이다.

늘 그랬듯이 이번에도 달걀 세 판을 가져왔다. 그는 시골에서 양계장을 운영하고 있다. 그의 농장에서 별도로 방사한 토종닭이 낳은 초란이라는데, 알이 아주 작았다.

달걀은 평소 내가 제일 좋아하는 음식이다. 달걀만큼 쓰임새가 많은 식자재도 드물다.

식욕이 없는 아침엔 찐 달걀 하나에 우유 한 컵으로 식사를 대신한다. 아내는 반찬이 허술하다 싶을 때면 으레 달걀부침이나 계란말이 아니면 뚝배기에 고봉으로 부푼 달걀찜으로 식탁을 풍성하게 만든다.

갖가지 부침개는 재료를 가리지 않고 밀가루에 달걀을 풀어 겉옷을 입혀야 제맛이 난다.
달걀은 이처럼 영양이 풍부한 완전식품이고 모든 음식과 궁합이 잘 맞는다. 그중에서도 달걀과 라면은 환상의 짝꿍이 아닐 수 없다.
나는 나만의 라면 조리법이 있다. 대개는 라면을 끓일 때 달걀을 같이 풀어 익히지만, 나는 라면을 먼저 끓인 다음 먹기 직전에 날달걀을 하나 탁 깨서 넣고 휘저으며 골고루 풀어준다. 그래야 국물이 텁텁하고 내 입맛에 딱 맞는다.
이래저래 달걀은 우리 집 냉장고에서 떨어지지 않는 일등 부식이다.

초란을 가져온 B 친구는 평소 말이 없는 편이다. 남들은 그를 과묵하다고 칭찬하지만, 그는 때와 장소와 상대에 따라 걸맞은 적절한 언어 구사에 자신이 없으니까 가급적 입을 다무는 형이다.
반주로 마신 소주 한 병에 그의 입에 채워졌던 지퍼가 풀렸다.

이야기를 나누는 중에 "죽은 것 같지만 분명히 살아있고 살아있으면서도 살아있음을 표시 내지 않는 생명체가 달걀"이라는 말을 했다.

나는 달걀이 살아있는 생명체라는 것을 깊이 생각해 본 일이 없다. 끓는 물 속이건 프라이팬 위에서 건 어쩌다 산채로 맨입에 들어가면서도 조금도 반항하지 않고 한입 먹거리가 될 뿐이니 그에게서 살아있다는 증거를 찾기가 어려웠던 탓이다.

며칠 동안 품은 달걀 속에서 티끌 같은 생명이 뛰고 있는 것을, 지구의 윤회처럼 확실한 생의 약동으로 보았던 피천득 님의 〈생명〉이란 시가 생각난다.

살아있는 것 같지 않은 달걀을 스무하루 동안 품어주면 앙증맞은 날갯죽지가 달린 병아리로 태어나 삐악삐악 자신의 존재를 천하에 알린다.
눈도, 코도, 귀도 없는 달걀이지만 살아있는 생물임이 분명하게 드러나는 것이다.

달걀. 스스로 움직이지도 않고, 집어 들어도 놀라거나 도망가지 않으며 설령 깨트린다고 해도 반항조차 하지 않는 조용한 생명체는 오늘도 침묵으로 말씀하고 있다.

"죽은 것 같은 생명체도 사랑으로 따뜻하게 품어주면 살아납니다."

세상을 따뜻한 사랑으로 품어주는 일에 인색한 나를 꼬집는 말 같아서 마음이 찌릿하다.

> **생각, 한 스푼 더**
>
> 사랑은 힘들게 노력해서 받는 것이 아니라, 공짜로 나누어주는 선물입니다.
> 누구를 사랑한다는 것은 결국, 나를 사랑하는 것입니다. 남에게 거저 베푼 사랑은 나 자신을 위한 선물이 되어 돌아오기 때문입니다.

다섯째 마당

어느 날 문득

나에게 수필은

표현은 인간의 본능이다. 사람은 내면의 생각과 감정, 욕망과 충동, 기대와 소망을 밖으로 드러내고 타인과 교감하는 속에서 삶이 이루어지고 기쁨과 성취감을 느낀다. 표현 본능이 충족될 때 정신적 안정과 만족을 느낀다.

모 군청의 부군수로 재직하고 있을 때였다. 도지사에게 밉보인 괘씸죄 때문에 공직 생활 내내 경고 처분 한 번도 없었던 내가 중징계를 받았다. 징계 절차가 시작되기도 전에 언론에 공표하면서끼지 나를 매도할 작정으로 계획된 징계였다.
 징계도 징계지만 억울하고 분한 마음을 하소연하고 풀어낼 길이 어디에도 없었다는 것이 더 참기 어려운 문제였다.
 가슴에 옹이가 된 울화는 잠을 자다가도 벌떡벌떡 일어나게 했다. 그때마다 컴퓨터 앞에 앉아 죄도 없는 자판에 분풀

이했다. 심장을 쥐어짜는 분노를 거침없이 발산하며 나도 모르게 나오는 욕설까지도 속기하듯 그대로 옮겼다.

  제대로 다듬어진 문장은 아니지만, 생각과 소리가 글이 된 것이다. 그렇게라도 속내를 털어내고 나면 바늘로 찌르는 것 같이 예리하던 아픔이 다소 진정되었다. 이 글이 나중에 행정소송 과정에서 판사의 마음을 움직이고 징계 무효의 판결을 받는 데 도움이 될 줄이야.

  수필은 자신의 삶을 진솔하게 드러내며 부끄러운 허물까지도 고해해야 하는 자기 고백의 문학이다. 수필을 통해 내 삶의 체험과 생각과 느낌을 있는 그대로 내보이는 일이 쑥스럽기도 하지만 글은 쓰는 내내 지나온 삶을 돌아보고 뉘우치며 새로운 마음을 다짐한다.

  그래서 나에게 수필은 마음공부다.

  수필을 하면서 일상생활에서 건성건성 지나쳤던 것들에 대해 새로운 의미를 부여하고 관심을 가지며, 사소한 일까지도 자세히 관찰하는 습관이 생겼다. 자연현상은 물론 세상 만물을 나와 동등한 위치에 놓고 서로 위치를 바꿔가며 바라보는 존중과 겸손을 배웠다. 이 세상에 존재의 의미가 없는 것은 하나도 없으며 나만 못 한 것이 없음도 깨닫게 되었다.

  수필은 나를 향한 나 자신의 가르침이자 다짐이기도 하다. 그러니 수필이 굳이 문학이 아니어도 괜찮다. 수필을 통해서 자신을 돌아보며 마음의 상처를 다스리고 치유하며 나만의 평화를 맛보는 것으로 족하기 때문이다.

수필을 한다는 것은 글쓰기가 기본이다. 자신의 진솔한 모습을 찾아 끊임없이 읽고, 지치도록 사유하며, 석공이 바위 속의 부처를 찾아내듯 자신의 경험 속에서 지혜를 체득할 수 있으면 누구나 할 수 있는 일이 글쓰기다. 나이와도 관계없다.

하고 싶은 일을 할 수 있다는 것, 물처럼 흘러가는 삶의 흔적들을 사진에 담듯 오래도록 활자로 남겨둘 수 있다는 것이 얼마나 큰 매력인가?

그렇다고 수필 하기가 마냥 쉽지만은 않다. 자칫하면 신변잡기가 되기 쉬운 수필에 문학성을 덧입히기도 어렵지만, 내 삶의 진솔한 고백이라면서 남에게 보여줄 글을 쓰려니 꾸미고 다듬고 숨겨야 하는 첨삭이 더 힘들고 어렵기 때문이다.

아무리 그래도 꿋꿋하게 솔직담백한 내 글을 쓰자. 그것이 비록 빛나는 문학작품으로써 수필이 아니면 어떠한가?

나 자신과 독자의 흐트러진 마음, 끓어오르는 심사를 다스리는 깨우침과 울림의 문장 한 토막이면 충분하고, 온화하며 맑은 평정심을 찾을 수 있는 글이라면 더 바랄 것이 없지 않은가?

생각, 한 스푼 더

수필을 공부하면서 한가지 깨달은 것이 있습니다. 수필은 그 본질이 누가 누구를 가르치고 배우는 것이 아니라, 스스로 공부하고 깨닫는 것이라는 점이다.

깨달음은 누가 줄 수 있는 것이 아닙니다. 스스로 구하고 얻어야 하는 고독한 수행입니다.

인격을 먼저 닦아야

자서전을 쓰고 싶었다. 할머니와 어머니의 한결같은 푸념처럼 소설책 한 권으로는 모자라는 내 인생 이야기를 글로, 책으로 엮어보고 싶었다.

36년여 공직 생활 동안 평범하지 않은 경험이 참 많다. 1977년의 이리역 폭발 사고, 1980년의 5·18 광주민주화운동, 1993년의 서해 훼리호 침몰 사고, 2002 FIFA 월드컵 등 제목만 열거해도 전율이 등골을 스치는 사건들의 현장에 있었다는 것은 범상치 않은 경험이다.

사고 수습에 참여하거나 직접 실행을 담당했던 현장 경험들은 한편의 야사이면서 사랑방이야기로도 흥미가 충분하리라는 생각에 그냥 묻어두긴 아까웠다. 그래서 이런 이야기를 모아 기록으로 남기고 싶어서 자서전을 쓰기로 작정했다.

 그러나 세상일이란 뜻대로 풀어지기보다 생각대로 되지 않는 일이 훨씬 많은 법이다. 자서전을 쓰기 위해 글공부를 하러 갔다가 우연히 수필을 만났다. 내가 그토록 줏대 없는 편도 아닌데 변절한 애인처럼 금세 자서전을 버리고 수필과 사랑에 빠져버린 것이다.

 어렴풋하게나마 수필을 알아갈 무렵, 내용이 진흙처럼 찰지고 울림이 있는 수필을 쓰고 싶었다. 그래서 신변잡기식 경수필보다 알차고 격조 높은 작품을 갈망했지만, 수필 공부가 깊어지면서 내 평생에는 그런 작품을 남기지 못할 것 같은 마음이 들고, 그럴수록 조급증이 생겼다.

 그렇게 갈등하고 있을 때, 어느 원로 수필가께서 나를 다독이며 충고를 해주셨다.

 "문장보다 인격을 먼저 닦아야 좋은 글을 쓸 수 있다네."

 "내 인격이 어때서?"

 지금까지 살면서 사람 도리에 크게 어긋남 없이 살아왔고, 주변의 세평도 그리 나쁘지 않다고 자부했던 마음에 반감이 솟구쳤다.

 그러나 마음을 달래고 이 말의 뜻을 차분히 재조명해 보니 충격의 조언 한마디가 내 속에 들어앉아 있는 또 다른 나를 돌아보는 새로운 계기가 되었다.

 우리는 지나온 인생살이를 가끔 되새김질한다. 바둑을 복기하듯 지난날을 되돌아보며 후회도 하고 자신을 재확인하는 동안 나도 모르게 자아는 성장과 성숙의 길을 가며 비 온 뒤의 죽순처럼 쑥쑥 자란다. 수필 창작도 자신을 스스로 돌아보는 것에서부터 시작된다.

수필은 자신의 가치 있는 과거 경험을 소환하여 깊이 있는 사유와 통찰을 통해 이성과 감성은 물론 영성까지 깨우는 깨달음을 찾아내는 과정을 거쳐 창작된다.

마치 다비식을 마치고 재로 변한 스님의 육신을 젓가락으로 해적거리며 사리를 찾는 작업과 같은 무겁고도 엄숙한 자기 탐구와 고백을 수필 한 편에 담기 때문이다.

그래서 수필을 자기 고백의 문학이라고 하며, 허구를 인정하지 않는 이유도 여기에 있다. 수필은 작가 자신의 삶과 존재의 실상이 그대로 드러나는 진실한 거울이기 때문에 수필 작품은 그 작가의 인격 자체라고 해도 틀린 말은 아니라고 생각한다.

그런데 나는 나를 돌아본다는 것이 고작 정신 줄을 풀어놓고 멍때리며 영화필름 되감듯 지난날을 회억하는 수준이었으니, 글마다 수필 작품이 아닌 신변잡기가 되고 말았던 것 같다.

인격을 먼저 닦으라던 원로 수필가의 말씀이 사유, 통찰, 깨달음에 대한 조언으로 이해되었다. 그리고 나는 자문했다. "한 번이라도 절실하게 나를 찾은 적이 있는가?" 내가 나를 향해 스스로 던진 질문을 마음에 새겼다.

  수필에 대한 갈망이 커질수록 내 속에 들어앉은 내면 심리와 의식, 양심과 도덕, 욕망과 갈등에 대한 사색이 길어지고, 깊어졌다. 이제 어느 정도 흉내를 내는 것 같지만, 아직도 심연에 이르기는 먼 것 같다. 끊임없이 정진할 뿐이다.

  수필은 문학이기 전에 내면의 참 자아를 찾아가는 마음공부이다. 어찌 공부에 끝이 있으랴.

생각, 한 스푼 더

  일상의 글쓰기는 하고 싶은 말을 그냥 문자로 표현하면 충분하지만, 글짓기는 글의 대상 속에 깊이 파고 들어가 숨은 뜻을 캐내어 문자로 표현한 문학 글을 말합니다.

  또한, 이것이 문학으로서 수필의 본질입니다. 그래서 작가의 삶이 수필이 되고 수필이 작가의 삶이어야 한다고 생각합니다.

어느 날 문득

"어느 날 문득 돌아다보니 / 지나온 모든 게 다 아픔이네요 / 날 위해 모든 걸 다 버려야는데 / 아직도 내 마음 둘 곳을 몰라요 / 오늘도 가슴엔 바람이 부네요 / 마음엔 나도 모를 설움이 가득 / 어디로 갈까요 / 어떻게 할까요 /아직도 내가 날 모르나 봐요 / 언제쯤 웃으며 날 볼 수 있을까 / 언제쯤 모든 걸 다 내려놓을 수 있을까 / 그땐 왜 그랬을까 그땐 왜 몰랐을까 / 사랑에 이별이 숨어있는지 / 어느 날 문득 생각해 보니 / 내가 없으면 세상이 없듯이 /날 위해 이제는 다 비워야는데 / 아직도 내가 날 모르나 봐요 // 언제쯤 웃으며 날 볼 수 있을까 / 언제쯤 모든 걸 다 내려놓을 수 있을까 / 그땐 왜 그랬을까 그땐 왜 몰랐을까 / 사랑에 이별이 숨어있는지 / 어느 날 문득 생각해 보니 / 내가 없으면 세상이 없듯이 / 날 위해 이제는 다 비워야는데 / 아직도 내가 날 모르나 봐요 / 아직도 내가 날 모르나 봐요"

    내가 좋아하는 노래 "어느 날 문득"의 가사인데 2017년에 가수 정수라가 발표한 곡이다.
    발표 당시엔 그다지 알려지지 않았던 노래였지만, 2020년 가수 임영웅이 어느 오디션프로그램에서 부른 다음부터 거침없이 역주행하며 히트곡이 되었다.

    조용히 혼자 듣고 있으면 나도 모르는 감정의 늪에 빠진다. 슬픔도 아니고 애잔한 감상도 아닌 회한이 뭉클 밀려오다 어느 순간 확 뿌려지고, 가슴을 덮치면 자판기처럼 자동으로 눈물이 나온다.
    "그땐 왜 그랬을까, 그땐 왜 몰랐을까…"
    지나온 날의 어떤 후회가 칼날이 된다. 속수무책 내리치는 닌자의 칼날을 받으면 잠자코 눈물로 대응할 수밖에 어찌할 도리가 없다.
    어느 땐 "언제쯤 모든 걸 다 내려놓을 수 있을까"라는 가사가 석궁에서 날아온 뾰쪽한 화살처럼 심장에 박히기도 한다.
    내가 애착하는 그 무엇을 단단히 쥐고 있는 것 같지만, 손을 펴면 모든 게 허상일 수도 있는 삶을 살면서 내가 나를 속속들이 안다고 큰소리칠 수 있을까?

    "아직도 내가 날 모르나 봐요"라고 고백하지 않을 수 없다.

요즈음 가수 임영웅을 모르는 사람은 드물 것이다. 그는 곡에 따라 창법이 다르고 음색마저 달리한다고 한다. 오랜 무명 생활을 거치면서 내공을 켜켜이 쌓고 깊이를 더한 연습의 결과라고 생각한다.

그의 노래를 듣고 있으면 남 이야기나, 우리 이야기가 아니라 바로 나의 이야기를 듣는듯한 착각에 빠지게 된다. 노래라기보다는 곁에서 소곤소곤 들려주는 이야기처럼 들린다. 그래서 더 가슴 절절하게 다가오는지도 모르겠다.

그의 노래를 듣다 보면 노래가 내 이야기가 되고 내가 이야기의 당사자가 되어 그 속으로 스며든다. 이 얼마나 강한 울림과 가슴 깊은 곳에 숨겨진 에너지를 깨우는 감동인가?

남의 이야기를 내 이야기로 바꿔내는 뛰어난 감성이 그를 최고의 가수로 만든 것 같다.

임영웅은 세상 사람은 다 알고 있는 흔전만전한 이야기들을 마치 자신만의 이야기인 양 들려주는데 나의 글쓰기는 어떠했는가?

지금까지 내 수필이 독자들의 심금을 울리고 감동을 주지 못한 것은 누구나 흔히 알고 있는 이야기의 범주에서 벗어나지 못한 탓이다.

온갖 재료가 섞여 있는 비빔밥도 만드는 손 따라 특유의 맛이 있기 마련인데 나만의 이야기를 쓰면서도 내 맛을 내지 못했다. 이 맛도 저 맛도 아닌 두루뭉술하고 특색 없는 맛으로 독자에게 어필할 턱이 없음은 당연한 결과이다.

　나만의 이야기를 모두가 알고 있는 흔한 이야기로 전락시킨 창작 능력 부족을 절실히 느낀다. 갑자기 부끄럽다.
　글을 쓰다 보면 어두운 과거, 부끄러운 사연, 자칫 흉이 될 수 있는 일들까지도 쓰게 된다. 그러나 어두운 과거를 들척이고 부끄러운 모습들을 솔직히 드러내는 일이 누구에게나 썩 내키는 쉬운 일은 아니다.

　수필은 작가 자신의 삶과 경험을 되새김하며 깊은 사색을 통해 체득한 깨달음을 부끄럼까지도 진솔하게 고백하는 문학이다. 이것이 일인칭 고백문학으로서 수필의 존재 이유이기도 하다.
　그런데도 내 삶에서 부끄럽고 흉이 될 만한 이야기는 적당히 넘어가고, 현상 아래 감추거나, 추상적으로 모호하게 희석했음을 털어놓지 않을 수 없다.
　순수한 천연의 바윗돌을 그리려던 처음 의도와 달리 쓰다 보면 이것은 이래서 깎고, 저것은 저래서 쳐내버린다. 결국, 개성 없이 예쁘게 잘 다듬어진 몽돌이 되고 마는 것 아니겠는가?

내 수필도 임영웅의 노래처럼 독자들이 자신의 이야기로 받아들이며 다양한 감성으로 다가가는 그런 글이 되도록 정진할 뿐이다.

생각, 한 스푼 더

인생에 정해진 형식과 예정된 결과는 없습니다. 어떤 인생이든 사람은 자기가 생각한 대로 살아가게 됩니다.

중요한 것은, 방향과 선택입니다. 인생은 자신이 선택한 방향으로 움직이면서 결과를, 미래를 만들어 내기 때문입니다.

기본에 충실하면서 바른 방향으로 나아가다 보면 인생의 모든 일이 종점에 다다르고 바라는 결과를 얻게 되리라 믿습니다.

글쓰기도 마찬가지라고 생각합니다.

세상에 살다 간 흔적

 모든 생물은 죽는다. 바꿔 말하면 살아있지 않는 무생물은 죽지도 않는다. 따라서 죽는다는 건 살아있는 생명만이 누릴 수 있는 특권이다.

 사후세계를 이야기하는 사람이 많다.
 과거부터 거의 모든 종교에서 믿어왔고 지금도 믿고 있는 사후세계는 인류 탄생으로부터 지금까지 끊이지 않고 갑론을박이 계속되는 최고의 명제이면서, 영원히 풀 수 없는 인류의 숙제가 아닐 수 없다.
 아무튼, 내세, 영계, 저승이라고 부르는 사후세계의 존재 여부에도 불구하고 죽음이란, 이 세상과는 영원한 이별이며 영원한 소멸, 영원한 망각일 수밖에 없다.

사람은 누구든지 언젠가는 죽은 사람이 되고 만다. 세상을 떠날 땐 내가 소유하고 누리던 모든 것을 남겨두고 가야 한다. 나와 함께했던 것들과도 이별한다.

내가 이 세상을 떠나고 죽은 사람이 되었을 때 내가 남긴 것 가운데, 오로지 나만의 것으로 남아 있을 것이 과연 존재할 수 있을까?

집문서, 땅문서, 예금통장, 현금과 귀중품 같은 재산은 물론이고 내 것이었던 소유물들은 누군가 다른 사람으로 소유가 바뀌거나, 땅에 묻히거나, 불태워 없어질 것이다.
"호랑이는 죽어서 가죽을 남기고 사람은 이름을 남긴다."라고 하지만, 이름을 남긴다는 것이 그리 쉽지 않은 일이다.
죽고 난 뒤 얼마 동안은 나름대로 쌓은 업에 따라 이름이 명예롭게 또는 부끄럽게라도 기억되겠지만, 이 이름마저도 차츰 잊히기 마련이고 끝내는 흔적도 없이 사라질 수밖에 없다.
"죽은 다음에 그게 다 무슨 소용 있느냐?"며 세상에 살다 간 흔적을 남기는 문제 자체에 의견이 다를 수 있지만, 나는 흔적이 쉽게 지워지기보다는 오래 남아 있는 것이 더 좋다는 편에 오른손을 들어 동의한다.

그러면서 생각해 본다.

정말 온전히 나만의 것으로 남아 있을 것이 무엇인가? 무엇을 남길 것인가? 오래도록 남아 있으면서도 다른 사람에게 빼앗기지 않고, 다른 사람들이 자기 것이라고 주장할 수도 없는 것이 무엇일까?

생각보다 많을 수 있고 관점에 따라 달라질 수도 있지만, 굳이 목록을 만들어 본다면 자신의 이름으로 쓴 글과 책이 우선으로 꼽히지 않을까 생각한다.

자기 이름으로 세상에 남긴 글은 그 누구도 범할 수 없는 나만의 흔적이다.

글은 내가 이 세상을 떠나도 내 이름으로 오래오래 살면서 독자들과 교감할 생명체다. 그 글이 책으로 묶어진다면 수명이 더욱 길어지리라.

요즘 버킷리스트 작성이 유행이다. 버킷리스트란 죽기 전에 해보고 싶은 일을 적은 목록이다.

세상에 살다 간 흔적으로 내 이름의 글을 쓰고 내 명의의 책을 묶어 보면 어떨까? 이것을 버킷리스트 맨 위에 올려놓으면 좋을 것 같다.

요즘 전국 각지의 여러 지방자치단체가 때맞춰서 "시민 1인 1책 쓰기 프로그램"을 추진하고 있다. 참으로 의미 있고 좋은 발상이라고 생각하며 응원의 박수를 보낸다.

글을 쓰고 발표하는 일을 망설이거나 부끄러워할 필요 없다. 내일로 미루면서 주저할 일도 아니다.

오랜 세월 뒤에 나의 기록이, 나의 일기가, 나의 문학작품이 후손들에게 읽히는 상상만으로도, 심장이 쿵쾅거리지 않는가?

생각, 한 스푼 더

"너무 늦거나, 너무 이른 것은 없다"
영화 "벤자민 버튼의 시간은 거꾸로 간다"에 나오는 명대사입니다.
늦고, 빠르고는 우리의 생각일 뿐 인생에는 너무 늦을 때도, 너무 빠를 때도 없다는 말입니다.
지금이라도 마음을, 생각을 글로 옮겨보세요.

그때 그 일

 무심코 집어 든 책갈피에서 사진 한 장이 툭 떨어졌다. 갑자기 그 생각이 났다. 거의 오십 년 가까운 세월이 무색할 정도로 그때 그 일이 너무 뚜렷하게 떠오른 것이다.

 아무리 세월이 흘렀어도 그 일이 생각날 때면 맷돌 같은 체증이 가슴을 짓누르며 호흡이 가빠진다. 수전증처럼 손 떨림이 온다.
 인생을 살다 보면 어찌 좋은 일, 꽃길만 있으랴. 누구에게든지 추억이라고 말하고 싶지 않은, 어쩌다 문득 생각나면 다른 해묵은 상처까지도 덧나게 하는 아픈 기억이 있기 마련이다.
 세월이 흐르면 지난 일은 대개 추억으로 갈무리되어 아련한 그리움으로 남는 것이기에 세월이 약이라지만, 모든 추억이 저물녘의 노을처럼 아름답지는 않은 것 같다.

　공직에 입문하여 1년쯤 지났을 때였다. 당시 면사무소에 근무하는 세칭 면서기들은 담당 마을의 세금 징수가 큰일 중 하나였다. 교통이 불편했던 시절이라 농촌 주민들의 면사무소 방문은 큰 나들이였기에 세금을 이장이 걷어서 마을 담당 공무원에게 내는 것이 보통이었다.
　그런데 견물생심이라고 했든가, 당시만 해도 받은 세금을 우선 급한 대로 며칠 유용하는 일은 공공연했고, 노름이나 술값으로 탕진하는 공금 횡령 사고도 빈번했다.
　사고 방지를 위해 고유 일련번호가 인쇄된 관인 영수증철이 개인별로 배부되었다. 세금을 징수할 때마다 자신의 이름으로 영수증을 발행한 다음, 재무관에게 현금을 납입했다. 그러면 재무관이 징수 원부와 개인 영수증철의 납세자를 일일이 확인하여 영수필 도장을 찍어주는 시스템이었다.
　불시에 감사반이 들이닥치면 무엇보다 먼저 개인별 영수증철을 수거하고 징수 원부와 대조하여 공금 유용이나 횡령 여부를 조사했다.
　그런데 납기 마감일에는 납부자가 워낙 많아서 납세자 개개인을 확인하기가 사실상 어려웠다. 일일이 확인하자면 밤을 새워야 할 정도이니 편법으로 납세자 성명과 세목, 영수액을 연명으로 기록한 납부명세서를 2부 작성하여 현금과 함께 재무관에게 인계하면 명세서 한 장에 일괄하여 영수필 도장을 찍어주는 것이 관행이었다.

  나도 그렇게 했다. 그런데 몇 달이 지나서 문제가 터졌다.

  당시 내 월급 석 달 치에 버금가는 큰돈을 징수해서 재무관에게 넘겼는데 납부 처리가 되지 않고 오히려 납세자 개개인에게 체납처분 통지서가 발부된 것이다. 이장은 내가 발행한 영수증을 들이밀며 항의했고, 나는 재무관에게 경위를 따져 묻는 연쇄작용이 이루어졌다.

  그러나 재무관의 답변은 간단했다. "나는 모른다."라는 것이었다. "나에게 주었다면 영수증을 보여달라"며 큰소리까지 쳤다.

  '세상에 이럴 수가….' 잘 보관한다고 깊이 넣어둔 기억은 나는데 영수증은 오리무중이었다.

  중요한 물건일수록 잘 보관한다고 깊이 넣어두었다가 정작 필요할 때는 일부러 숨긴 것처럼 찾지 못해서 애를 태우는 일이 종종 있다.

  캐비닛은 물론이고, 업무노트며 서류철 사이사이까지 있을 만한 곳은 모조리 뒤졌다. 나는 평소 기억력이 좋다고 자부했지만, 도둑맞으려면 개도 짖지 않는다던 옛말처럼 도무지 기억나지 않았다.

  그래서 공무원 1년 차 초짜인 나는 졸지에 공금 횡령 의혹을 받게 되었다.

  잘 찾아보라며 응원하던 동료들도 하나둘 의심의 시선을

보냈다. "불입하는 것을 본 것 같다"라고 말했던 재무계 직원 조차도 "기억에 없다"로 말을 바꿨다. 사람 속은 모르는 것이라며 자기들끼리 수군거리는 것도 모자라 만약 재무관이 꿀꺽했다면 자기가 먹어 놓고 체납처분 통지서를 보낼 리 없다며 제법 논리적으로 나를 압박하는 직원도 있었다.

하기야 혈연, 학연, 지연으로 얽힌 관계도 아니고, 가까이 어울리며 마음을 주고받을 기회조차 별로 없었던 나를 먹은 것 없이 순수하게 편들어줄 사람이 어디 있겠는가?

음울한 그림자가 나를 뱀처럼 휘감았다. 저녁 잠자리는 가위눌린 꿈에 식은땀으로 흥건하였다.

퇴락한 재실에 이름만 걸려있는 유령처럼 동료들 사이에서 나는 점차 그림자처럼 되어갔고, 의례적인 대화 외에는 동료들과 말도 나눌 수 없었다.

처음엔 소름처럼 돋아나던 수치심, 억울함, 분노의 감정들이 살 속을 파고들고, 뼈마디마다 뿌리처럼 뻗었지만, 오히려 나는 시간이 갈수록 고립된 섬이 되어갔다. 무엇보다 외로움이 제일 무서웠다.

차라리 죽음으로라도 내 결백을 증명하고 싶었다. 그래서 죽을 자리를 찾아 숨어들 듯 아버지 산소를 찾았다. 복받친 설움이 폐부를 찌르며 통곡을 불러냈다. 정월 대보름날, 생솔가지를 집채처럼 쌓아 올린 달집을 태우듯 억울함을 태웠다. 속 벽의 부스러기까지도 싹싹 긁어모아 큰 소리로 울었다. 그러나 두려워서 죽지는 못했다.

다음날 사표를 쓰고 책상을 정리했다.
내가 쓰던 물건들이지만 마음 쓰며 챙기기도 싫어서 큰 보자기 하나를 펼쳐놓고 서랍을 빼 그 위에 엎었다. 그 순간, 서랍 바닥에 깔았던 판지가 엎어지며 종이 한 장이 떨어졌다. 그것은 놀랍게도 납부 명세가 기록된 문제의 영수증이었다.
책상 서랍 바닥의 녹슨 부분을 가리려고 넓게 깔았던 판지 밑에 영수증을 보관한 것이었다.
의혹은 더 바랄 것 없이 명쾌하게 풀렸고 나는 당당해졌다. 그리고 나를 비웃던 사람들을 비웃을 수 있게 되었다.

생각, 한 스푼 더

친구가 한마디 했습니다. 지나가는 말 같지만 지나치다는 느낌에 살짝 화가 났습니다. 곰곰 생각하니 화가 더 커져서 잠도 오지 않았습니다.
다음날, 친구를 만나서 따져 물었습니다. 그 친구는 기억조차 희미했습니다. 잠도 잘 잤다고 합니다. 잠 못 자며 속을 끓인 나만 손해였습니다
그래서 "하루의 분노는 해가 지기 전에 풀어버려라"라고 했나 봅니다.
그런데 우리는 저마다 마음에 잊히지 않는 그때 그 일이 있습니다. 이 마음을 어찌해야 옳을까요?

속 보이는 거짓말

　나는 글을 좀 수월하게 쓰는 편이다.
　대략의 얼개에 맞춰 뼈대를 세우고 살을 붙이는데 생각나는 대로, 느낌 오는 대로 일필휘지 써 내린다. 그렇다고 글재주가 뛰어난 것은 아니다.
　단어 선택이나 문장 구성에 얽매이다가 중간에 생각이 끊길까 봐 서둘기 때문이다. 그래서 나는 집필 시간보다 퇴고에 더 많은 시간을 쏟으며 공을 들이고 있는 편이다.

　있어도 그만이고, 없어도 그만인 부분은 문장의 군더더기다. 퇴고 과정에서 과감하게 덜어내야 한다. 글은 다듬고 쳐 낼수록 짜임새가 탄탄해지며 통풍이 잘되고, 시원하여 아름답게 된다는 것을 알면서도 그것이 어렵다.

다듬고 덜어낼수록 좋아지는 것이 어찌 글뿐이겠는가? 내 삶에도 덜어내고 잘라버려야 할 군더더기가 좀 많을까?

글만 퇴고할 일이 아니라 내 삶도 퇴고해 보자. 이제는 웬만하면 줄이고 가뿐하게 살아야 할 나이도 되지 않았는가?

앞으로 단순하게 살아야겠다는 다짐을 행동으로 보여주기라도 할 것처럼 서재 청소를 시작했다.
어지럽게 널려있는 책상을 정돈하고 함부로 꽂혀있던 서가의 책들을 정리했다. 장식장을 그득하게 차지했던 상패, 공로패와 감사패도 모두 버렸다.
그동안 한 단, 두 단 쌓아 올린 이력이, 왕성했던 청춘이, 빛났던 중년이 일시에 무너지는 것 같아 아쉽고 안타까운 마음에 별의별 생각이 다 들었다.
하지만 마치 그렇게 해야 할 시급한 이유라도 있는 것처럼 눈을 질끈 감고 비렸다. 이런 방식으로라도 번잡한 곁가지들을 쳐내야 내 앞에 놓인 길이 분명해지고 단순해질 것만 같았다.

그동안 쌓아두기만 했던 창작 메모며 자료들과도 과감히 안녕을 통보했다. 새벽어둠 속에서 해 뜨는 길을 미리 닦는 샛별처럼 내 글을 인도해 주던 이 녀석들을 박스에 차곡차곡 담고 있는데 나도 모르게 눈물이 났다.

찬란했던 시절의 증표 같았던 상패 등과 TV에 출연했던 녹화 테이프까지 다 버리면서도 아무렇지 않았던 마음이 창작 노트며 자료를 버리는 일 앞에서 심하게 흔들리며 울컥한 것이다. 돈이 되는 것도 아니고 밥이 되는 것도 아닌 이것들이 무엇이라고….

에두를 것 없이 고백하자면 이것들만은 버리지 못하고 다시 챙겼다. 언제라도 긴요하게 쓰일지 모른다는 막연한 기대보다는 길이 남을 내 인생 대표작을 꼭 써보리라는 욕심 때문이었다.

소소하지만 확실한 행복이다. 뭐다 해서 버리고 비우는 삶이 강조되는 요즈음이다. 삶의 행장을 단출하게 꾸리고 길을 단순화해야 행복하다는 것이다.

그래서일까?

주변에 "마음을 비웠다"라고 말하는 이들이 너무 흔해서 넘쳐날 지경이다.

그러나 "빨리 죽고 싶다"라는 늙은이들의 뻔한 거짓말보다도 더 속 보이는 거짓말이 "마음을 비웠다"라는 말이라고 생각한다.

글이나 삶이나 독하게 작정해도 덜어내고 비우기가 그리 쉽지 않다. 결국은 인간의 본능인 욕심과 연관된 문제이기 때문이다.

인간의 본능인 욕심이 그리 쉽게 버릴 수 있는 것이라면, 아마 이 세상에서 희소가치 없이 가장 흔전만전한 것이 성인이리라.

생각, 한 스푼 더

"산이 내게 오지 않으면 내가 산으로 가면 된다"라는 말이 있습니다.
바람이 불지 않는 날 바람개비를 돌리려면 자신이 달려나가며 바람을 만들어야 합니다.
산이 오기만을 기다리는 것은 헛된 욕심이지만 자신이 산을 향해 가는 것은 반드시 이루어진다는 믿음의 자기 확신입니다.

담장의 안과 밖

 우리 집 앞에 있는 어린이집이 노인요양원으로 간판을 바꿔 달게 되었다. 저출산 고령화의 세태 때문이겠지만, 그 덕택에 우리 집에 생각지 않던 문제 하나가 던져졌다.

 우리 집과 경계를 마주하던 어린이집 뒤뜰은 그간 원아들의 놀이터로 쓰였다. 그곳이 요양원 진입로가 되면서 오가는 사람들이 많아지고 보는 눈높이가 달라진 것이다.
 어린이집과 우리 집 사이엔 허리 높이의 낮고 듬성듬성한 담장이 설치되어 있다. 담장이라기보다는 경계 표시였다.
 예전에는 이것만으로도 충분했는데, 이제는 낮은 울타리로는 사람들의 시선을 피할 수 없게 되었다.
 "그까짓 남의 시선쯤이야."하고 무시하면 그만이지만, 집안팎이 속절없이 드러나기 때문에 자칫 부끄러운 일이 생길 수도 있지 않을까 염려스러웠다.

담장은 건축물의 내부와 외부를 구분 짓는 경계선 역할을 한다. 또한, 삶의 범위와 영역을 보호하는 역할도 한다.

한때는 담장의 형태나 규모, 그리고 재료와 높이가 주인의 신분과 동일시되기도 했다. 관공서나 부잣집일수록 담장이 높았다. 담장 높이만으로도 모자라 철책이나 철망, 유리 조각까지 꽂아놓은 높은 담장은 일종의 자기 과시 수단이기도 했다.

담장은 집을 안과 밖으로 구분 짓는 경계선이다. 그러나 안과 밖의 개념은 자신을 기준으로 위치와 시선에 따라 달라지는 상대적 의미다.

내가 안에 있을 때는 담장 너머가 밖이지만, 담장 밖에 있는 사람이 보면 안에 있는 내가 담장 밖에 있는 것이 된다. 이렇듯 외부 사람이 담장 너머에서 담장 안을 보지 못하도록 차단하면 담장 안에 있는 사람도 밖을 볼 수 없으니, 자신을 스스로 가두는 것과 다르지 않다.

그렇다고 집의 담장을 모두 헐어 버리자고 주장을 할 수는 없다.

담장은 사회 불신과 단절의 표상이지만, 담장이 우리에게 주는 안거安居의 의미를 무시할 수 없기 때문이다.

다만 담장의 의미를 새롭게 이해할 때 우리는 사회의 불신과 이웃 간의 단절을 지양할 수 있다고 생각한다.

　우선 자신과 우리의 생활 주변을 먼저 개방하고 나아가 마음속의 담장까지 스스로 제거하는 열린 마음의 바람이 불어오기를 소망해 본다.

　다행스럽게 요즘 새로 지은 집들이나 신도시는 담장을 낮추거나 허물어서 이웃 간의 소통을 도모하는 추세인데 새삼스레 새 담장을 설치한다는 것이 과연 괜찮은 생각일까?
　고심 끝에 어린이집 담장과 잇대어 있는 화단에 대나무를 심기로 했다. 앞마당 화단에 담장을 대신하는 오죽이 늘어섰다.
　오가는 이의 시선도 차단하고 청명한 대나무 바람 소리를 늘 가까이할 수 있어서 일석이조였다.

여섯째 마당

하나님께 물어보고 싶다

외로움의 급소

옆구리는 외로움의 급소다.
우리는 무언가 허전하고 외로울 때 옆구리가 시리다고 한다. 외롭고 허전한 마음은 왜 맨 먼저 옆구리를 시리게 할까?
외로움은 머리나 가슴이 아니라 옆구리에 살고 있기 때문인 것 같다. 옆구리가 시리다는 건 기댈 곳이 없다는 뜻이기도 하다.

사람이 혼자라서 외로운 것만은 아니다.
우리가 사는 세상은 수많은 사람이 모여 함께 살아간다. 주변에 이웃도 있고 친구도 많다. 그런데 외로움을 느낀다는 것은 그 자체로 내가 섬이 되었다는 것이다.
욕심 때문에, 질투 때문에, 시기 때문에, 환경 때문에 그 밖에도 여러 가지 이유로 주변과 멀어지다 보면 나도 모르게 바다 한가운데 외롭게 떠 있는 섬이 되는 것이다.

어찌 물 위에 솟은 땅만이 섬이겠는가. 수많은 무리의 팬에게 둘러싸여 행복한 웃음을 지어 보이는 인기 연예인도 옆구리가 시리면 섬이 되는 것이다.

사람들에게 둘러싸인 한복판에 있더라도 홀로 떨어진 섬처럼 의지할 곳, 마음을 열 곳이 없어서 느끼는 외로움보다 더한 외로움은 없을 것이다.

혼자라는 이유로 무작정 달려드는 외로움은 그리움을 농축해서라도 무던하게 견딜 수 있지만, 무리에 둘러싸여서 느끼는 외로움은 어찌해야 벗어날 수 있는 것일까?

가끔 갑자기 허무해지며 아무 말도 할 수 없고 가슴이 터질 것 같아 눈물만 쏟아질 때도 있다. 이럴 때면 누구라도 만나고 싶은데 막상 만나려면 만날 사람이 없다.

항상 주위에 친구들이 많다고 생각했는데 실제로 필요해서 찾아보면 없다.

수첩에 빼곡히 적힌 이름들과 핸드폰에 저장된 수많은 전화번호를 아무리 들여다봐도 편하게 전화해서 만나고, 가슴을 짓누르는 누름돌을 들어내고 있는 그대로 털어놓을 수 있는 사람이 없다.

혼자 바람맞고 사는 세상.
거리를 걸으며 가슴을 삭히다가 마시는 뜨거운 커피 한잔.
삶이란 때로는 이렇게 외로운 거구나.
내가 필요로 할 때면 언제나 내 곁을 지켜줄 사람. 진정한 내 옆구리는 누구일까?
그 옆구리가 꼭 사람이어야 할 필요는 없다고 생각한다.

생각, 한 스푼 더

외로움은 감정 문제입니다. 고독한 사람은 외롭다는 생각도 편견이며 고정관념일 뿐입니다.
다수 속에서 외로움이 찾아올 때는 삶의 속도를 조금 늦추는 여유를 가져보면 어떨까요?
인생 자체를 즐기는 개인적인 놀이나 취미도 외로움을 이겨내는 방법의 하나이지 싶습니다.

돌탑과 십자가

산사의 진입로에 들어섰다.

넓고 깔끔한 포장도로가 풍기는 도회지 냄새로 고즈넉함을 기대했던 마음은 무너졌지만, 양옆으로 울울창창 늘어선 소나무 그늘이 신령스러운 기운 자아낸다. 나도 모르게 경건을 추슬렀다.

부도인지, 공덕비인지 모를 비석 몇 개가 나란히 서 있는 공터 한쪽에 제법 큰 돌무더기가 무심히 앉아 있다. 돌무덤은 아닌 것 같고 절을 찾는 사람들이 소원을 빌며 하나둘 쌓은 크고 작은 돌멩이들이 모여 돌탑이 된 것 같다.

길 가장자리 여기저기를 차지하고 앉은 바위 위에도 작은 돌탑들이 수없이 서 있다.

돌탑을 쌓을 때는 큰 돌과 큰 돌 사이 틈새에 작은 쐐기돌을 채워 안정시키기 마련이다. 그런데 쐐기돌 없이 돌 위에 돌을 외줄로 쌓아 올린 작은 탑들이 큰 돌무더기 탑보다 더 의연하게 서 있다.

비록 한자尺도 못 되는 작은 탑이라지만 바람에 흔들리거나 무너지지 않고 균형을 유지하며 버텨내는 것이 참 신기하다. 신비한 영성이 지켜주기 때문일까?

인간을 만물의 영장이라고 하지만 한편으로는 인간처럼 나약한 존재도 없다. 사람 인人자의 형상을 보자. 인간은 본원적으로 나 이외의 다른 어떤 것에 기대고 의지하는 습성이 있음을 표현하고 있다.

인간의 나약함이 개신교, 천주교, 불교, 원불교 등을 비롯해 우리가 미신이라고 하는 샤머니즘까지 모든 종교의 원천이 되었다고 생각한다.

초월적 존재인 신神을 세우고 자신이 어찌할 수 없는 절박함을, 간절히 소원하는 그 무엇을 신에 의지하여 해결하고자 하는 것이 인간의 모습이다.

요즘 확연하게 약해진 아내의 건강을 소원하며 손바닥 크기의 돌을 주워 돌무더기 맨 위에 얹었다. 돌아서는데 아이들 생각이 났다. 두 딸과 사위, 손주들을 생각하며 내 것까지 모두 아홉 개의 돌을 무더기에 보탰다.

어쩐지 간절함이 부족한 것 같다는 느낌이 들었다. 다시 주변의 돌멩이들을 주워다 가족들을 하나씩 소환하며 따로 작은 돌탑을 쌓았다.

입술까지 딸싹이는 간절한 기도와 함께 손끝에 정성을 모아 집중하며 쌓았다.

"예수 믿는 사람이 웬 돌탑?"

쓸데없는 짓거리 그만하라는 듯이 아내는 길을 재촉했지만 나는 기어이 5단짜리 돌탑 두 개를 완성했다. 돌탑을 쌓는 것이든, 십자가 앞에서 무릎을 꿇는 것이든 기도하는 마음은 매한가지 아니겠는가?

초월적 존재인 하나님은 나의 믿음과 간절한 소망을 알고 계시리라.

어쩐지 하나님께서 나의 기도를 들어주실 것 같다. 산사에 도착하기도 전에 벌써 기도의 효험이 나타났는지 마음이 한결 따뜻하고 가벼워졌다.

하나님께 물어보고 싶다

 부활주일이었다. 목사님의 설교를 듣는 중에 참으로 불경스러운 생각이 갑자기 푹하고 달려들었다.

 "부활하신 예수님은 지금 살아 계실까?"
 기독교는 부활의 종교다. 부활은 기독교 신앙의 기초이며 완성이다. 이것을 믿는다고 신앙고백을 한 명색 장로라는 사람이 기독교 최대 축일인 부활주일에, 그것도 예배 중에 할 생각인가?
 악령을 떨치듯 머리를 몇 번 좌우로 흔들어 보았지만, 진드기처럼 달라붙은 생각은 떨어질 기미가 없었다. 오히려 악마의 장난처럼 스스로 구르며 눈사람같이 몸피를 부풀렸다.
 단순한 생각이 끝 모를 의심이 되어 세찬 소낙비처럼 가슴을 두드렸다. 잠시 눈을 감고 마음의 번뇌를 추슬러야 했다.

진리의 말씀은 옳고, 그름의 시비를 논할 수 없는 최종 결론이다.

진리는 명쾌한 논리의 해답이거나, 이해할 수 있는 실체가 있는 것은 아니다. 그렇다고 진리를 인간들의 합의만으로 만들어 낼 수도 없다.

진리가 믿음의 방패이며 결론은 아니라고 생각한다. 믿음이란 의심과 깨달음이 반복되는 끝없는 사유의 결과 아니겠는가?

종교적 진리에는 어쩌지 못하는 모순이 있다. 이러한 모순이나 오류가 하나님의 존재에 대한 의심으로 번지게 되는 것이다.

이쯤 되면 나의 내면을 고백하지 않을 수 없다.

나는 부활을 믿는다. 하나님은 우리가 언제 어느 곳에 있든지 늘 우리와 함께하시며 내밀한 생각까지도 간파하시는 전지전능하심을 믿고 시인한다.

그러면서도 때로는 온갖 의심과 질문을 쏟아내며 천연덕스럽게 하나님을 시험한다.

하나님을 찬양하고 진리의 말씀을 나누던 입으로 아무렇지 않게 거짓을 말하고 남을 정죄하며 죄를 짓는다.

교회 안에서 헌신과 봉사로 낮아지고 엎드렸던 몸을 일으켜 세상 안으로 들어가서는 육신의 연약함을 스스로 탓하면서 쾌락을 좇는다.
이 얼마나 위선적이고 가증스러운 믿음인가?
이웃을 내 몸같이 사랑하라고 하셨는데 이웃이 누구인지, 사랑이 무엇인지, 어떤 이웃들을 얼마만큼 사랑해야 하는지, 그것이 우리 사회가 직면한 문제들을 어떤 방식으로 해결할 수 있는지를 모르겠다.
끝없는 질문들이 꼬리에 꼬리를 물고 이어진다. 신앙을 죽은 다음에 지옥이 두려워서 드는 보험으로 생각하는 것이라면 일찍 깨버리는 게 옳을 것이라는 생각이 든다.

나는 하나님과 하루만 동행해 보고 싶다.
함께 걷다가 시내버스를 갈아타기도 하고 시장을 돌아다녀 보고 싶다. 삶에 실패한 사람들의 슬픔이 하수처럼 흐르는 뒷골목을 빼놓을 수는 없다.
그리고 하나님께 물어보고 싶다.
"하나님. 삶은 무엇이며 죽음은 무엇인가요? 왜 '선'과 '악'을 함께 풀어놓으셨나요? 왜 '사랑'과 '증오'를, '용서'와 '보복'을 동행토록 하셨나요? 둘 중 하나만 있어도 충분한 것들, 원래 하나였던 것들을 왜 둘로 나누시고 서로 갈등하게 하시나요?

하나님께 묻는다는 것은 몰라서, 지혜와 조언을 구하는 것일 수도 있고, 행해야 할지 말아야 할지 허락을 구하는 것일 수도 있다.

그러나 내가 하나님께 묻는 진의는 이런 차원과는 다르다.

하나님의 권위를 온전히 인정하고, 의심 없는 완전한 믿음을 향해 나아가고 싶은 소망 때문이다. 하나님께서는 무어라고 답변하실까?

생각, 한 스푼 더

우리나라 전통가구 전주장全州欌은 용목에서만 얻을 수 있는 아름다운 용무늬가 특징입니다.

용목龍木이 따로 있는 것은 아닙니다. 심하고 깊은 상처가 아문 자리에 그 흔적으로 용의 문양이 새겨진 느티나무를 용목이라고 합니다.

우리가 마음의 상처와 고통을 견디어내는 것도, 믿음에 대한 의심까지도 인생의 아름다운 무늬를 새기는 과정이 아닐까요?

녹아드는 소금처럼

 구걸하며 얻어먹고 사는 사람을 거지라고 한다.
 거지를 거지라고 부르는 그 자체도 엄청난 업신여김인데 거기다 더해서 "양아치, 동냥아치, 비렁뱅이"라고 얕잡기 일쑤다. 얼마나 하찮게 여기면 그러겠는가?
 그런데 선거철만 되면 그 하찮음을 감수하며 비렁뱅이를 자처하는 사람들이 왜 그리 많이 나타나는지 모르겠다.

 다음 달 10일은 제22대 국회의원을 뽑는 선거 날이다.
 아직 후보자 등록 이전이지만, 선거구별로 대진표가 거의 확정되고 거리를 뒤덮은 현수막, 쓰레기처럼 함부로 버려진 숱한 명함이 바람에 흩날리는 것을 보면 "아! 때가 임박했구나."를 직감한다.

출퇴근 길이면 국회의원을 하겠다고 출마한 사람들이 네거리 길목 한자리를 차지하고 90도로 고개 숙여 인사한다.

손을 흔드는 모습을 보면서 생각해 본다.
선거할 때만 되면 나라와 민족과 지역사회를 위해서 봉사하겠다고 나서는 저들은 누구인가? 지금까지 어디서 어떻게 살다가 둑 터진 홍수처럼 한꺼번에 쏟아져나오는 것일까?

중앙집권적 임명제 관료사회였던 조선 시대에도 선출직은 있었다. 지역 자치 조직인 향약鄕約을 운영하는 좌수, 별감 같은 향임鄕任은 향약의 구성원인 향원鄕員 중에서 선출하였다.
그런데 향촌규약에 따라 지역민의 교화와 권선징악, 상부상조의 책임을 맡은 향임이 오히려 수령에 빌붙어 자신을 뽑아준 향민 위에 군림하는 존재로 변질하는 경우가 많았다. 향민들은 이런 악질 향임을 향해 뒷말로 "비렁뱅이 벼슬아치"라고 욕하며 비웃었다.
명분과 체면이 우선이던 그 시대에도 향임이 되기 위해선 유권자들에게 사탕발림의 약속을 남발하며 표를 구걸했든가 싶다.
정치판에서 선출직에 입신하는 사람은 너나 할 것 없이 봉사를 일성으로 앞세운다. 그러나 그 말을 곧이곧대로 믿는 유권자가 얼마나 될까?

녹아드는 소금처럼

소시민인 내 계산으로는 아무리 봐도 밑지는 장사인데, 큰 비용을 써가면서까지 자리를 맡으려는 것이 의문이다. 봉사하겠다는 뜻은 가상하지만, 꼭 그 자리를 맡아야만 봉사를 할 수 있는 것일까?

선거는 민주주의의 꽃이다. 대통령이든, 국회의원이든, 지방자치단체장이든 나라와 고장을 맡길 지도자를 우리 손으로 직접 뽑는 것보다 더 큰 권리가 어디 있겠는가? 그런데 막상 뽑아 놓고 보면 그렇지 않은 경우가 너무 많은 것이 문제다.

이번 선거에는 소금 같은 사람이 많이 뽑혔으면 좋겠다.
소금은 자신이 스스로 녹아서 대상물에 스며들어야 썩음을 방지한다. 스며들기 위해서는 입자가 미립자 가루보다도 작아야 하므로 자신이 먼저 물에 녹지 않는 한 방법이 없다.
만약 소금이 녹지 않는다면 부패방지의 역할이 아니라 무쇠도 썩게 만드는 부식의 원인이 될 뿐이다.
여럿 가운데 자신만 도드라지고 싶고, 생색내기 좋아하는 정치인, 말 바꾸기를 손바닥 뒤집듯 하는 정치인, 승리를 위해선 어떤 부정도 서슴지 않는 정치인, 편을 가르고 패싸움하기를 애들보다 더 좋아하는 정치인들에게 점잖게 한마디 충고하고 싶다.

"당신은 비렁뱅이 벼슬아치가 되고 싶습니까? 진정으로 봉사하는 국회의원이 되고 싶습니까? 표를 구걸하지 마시오. 소신과 양심으로 자신을 녹여서 소금처럼 유권자의 마음에 스며드는 정치인이 되시기를 바랍니다."

생각, 한 스푼 더

봉사는 거창하게 시작되지 않습니다. 사랑과 배려의 실천이 소박하듯이 봉사도 소박합니다.

따뜻한 미소와 작지만 단단한 결단, 그리고 언제나 변함없는 실천이 필요할 뿐입니다.

명예욕만 가득한 정치인에게는 봉사 정신이 깃들기 어려운 이유이기도 합니다.

내빈 소개 유감

　나는 지방공무원으로 정년퇴직했다.
　9급 면서기로 시작해서 조그만 군의 부군수를 거쳤다. 민선 시대의 부군수는 해당 지방자치단체에서 선출직인 군수를 제외하면 직업공무원이 올라갈 수 있는 최고의 자리다.
　면사무소 말단직으로 시작해서 최고의 자리까지 올랐다는 건 큰 자랑이자 영광이다.
　그러나 지나간 건 지나간 것일 뿐이다. 지금은 문학 마당의 언저리를 기웃거리며 글공부에 전심하고 있다. 문인으로 새 삶을 사는 현재는 수필이 나의 전부라고 생각하며 읽고, 사유하고, 쓰는 일에 매진하고 있을 뿐이다.

　기관 사회단체의 각종 행사에서는 참석한 주요 인사들을

내빈으로 소개하는 것은 관행이다. 내빈이란 행사에 공식적으로 초대를 받았거나 축하하기 위해 참석한 인사들을 말한다.

주최 측의 초대를 받았다는 것은 외부 사람이라는 것을 의미한다. 따라서 주최 단체에 속한 사람은 초청 대상이 아닌 초청자 자격의 내부 구성원일 뿐이다. 때문에, 아무리 비중 있는 주요 인사라도 주최 단체에 속한 사람은 내빈이 될 수 없다.

다만 내부 인사라고 해도 상급단체나 사회의 직분에 따라 정식으로 초청장을 받은 참석자는 내빈으로 간주해야 옳을 것이다.

이런 면에서 내부 인사를 밖에서 오신 손님이라는 뜻인 내빈으로 소개하는 것은, 엄격하게 생각하면 우스꽝스러운 자화자찬이 아닐 수 없다.

그런데도 진행자가 마치 아부라도 하듯 내부 인사를 떳떳이 내빈으로 소개하는 일이 벌어지는데, 소개받은 인사도 스스럼없이 과시라도 하듯 어깨에 힘주고 일어나 소개에 응한다.

이 같은 일이 행사 의전에 밝은 관공서나 일반 사회단체에서도 비일비재하지만, 구렁이 담 넘어가듯 은근슬쩍 넘어가며 관행처럼 굳어졌다.

하지만 단어 하나에도 의미를 숙고하며 적확한 단어를 골라 써야 하는 문인들의 단체에서는 조금 더 깊이 생각해 볼 일이 아닐까 한다.

　내가 어느 문학단체를 이끌 때의 일이었다. 그 단체에는 지역 문단의 거물급 문인들 상당수가 회원으로 가입되어 있었다.
　회장으로 취임해서 첫 번째 행사를 치르게 되자 초짜 회장을 격려하고 응원하려는 뜻이었든지 원로 문인들께서 많이 참석하였다.
　그분들을 일일이 소개하면 행사의 격도 높아지고 일반 회원들의 자긍심도 한층 치솟을 것 같았다. 그런데 참석하신 원로분들이 거의 우리 회원이었다.
　그래서 나는 외부 인사 두 분만 소개하고 내빈 소개를 마치는 순간 약간의 술렁임이 있었다. 임원 한 분이 앞줄의 원로 작가를 가리키며 내빈 소개가 빠졌다는 수신호를 보냈다. 그러나 나는 그의 지적을 그냥 모르는 체하고 넘어갔다.
　그 일이 있고 난 뒤, 한동안 "원로 대접이 소홀 하다" 또는 "위계질서를 모른다"라는 등 귀가 간지러울 정도로 뒷말을 들어야 했다.
　꼭 소개를 받아야만 어른 대접을 받은 것이고 원로 품격이 지켜지는 것일까?
　어느 날 공개적으로 그날의 상황을 자초지종 설명할 기회가 있었다. 대부분 나의 답변과 뜻을 수긍했지만, 몇 분은 마음이 상했는지 그 뒤로 행사나 모임에 한 번도 참석하지 않았다. 한편으로는 미안하고 안타깝지만 어쩔 수 없었다.

며칠 전 내가 소속한 어느 문학단체 행사에 참석했을 때였다. 진행자가 내빈 소개를 하면서 나를 소개했다. 회원인 내가 내빈으로 소개받는 것도 민망한 일인데 거기다가 "부군수를 역임한 수필가"라고 전직까지 첨언하며, 치켜세우니 고개를 들 수가 없었다.

그렇게 소개할 바에엔 차라리 "글 잘 쓰는 수필가"라고 했으면 좋았을 텐데….

은퇴란 그냥 물러나는 것이 아니다. 직위뿐 아니라 그때까지 살아온 모두를 내려놓고 지운다는 의미도 내포한다. 즉 내 인생 전반의 결실은 소멸하고, 후반의 새로운 시작으로 거듭나 새 세상을 열어가야 한다는 의미가 있다.

그러므로 은퇴 이후의 삶은 새로운 인생인 것이다. 공직 선배께서 "현직의 기억을 빨리 잊을수록 인생 후반전이 행복하다"라고 한 충고처럼 나도 그렇게 노력하고 있다.

내가 지금 몸담은 문단에선 등단 전 어디서 무엇을 했건 다 소용없는 인생의 과정일 뿐 현재는 글 잘 쓰는 것이 제일 큰 자랑이며, 명문 창작이 가장 높은 가치라고 생각한다.

작품의 기반이 되는 작가의 사회 경력과 경험은 작품을 이해하는데, 참고 사항일 뿐이다.

변산에서 만난 봄 처녀

　봄은 남에서 오는 게 아니라 발밑 땅속에서 온다. 올겨울이 유난히 추웠던 때문일까. 봄은 아직 기척이 없다. 저를 기다리는 간절함을 외면하고 촉촉하고 따스한 흙을 뒤집어쓴 채 웅크려만 있다.
　하긴 기다리는 내 마음만 조급할 뿐이지 봄이 뭐가 아쉽고 다급하겠는가?

　혹한 겨울의 막바지 안간힘 탓인지 요 며칠 맵차게 춥더니만 한파주의보를 뚫고 봄의 전령이 왔다. 때가 더 완숙해지기를 느긋하게 기다리는 줄만 알고 있던 봄이 나름대로 땅속에서 알게 모르게 준비했던 것 같다.
　봄은 세 가지 덕을 지닌다고 한다. 첫째는 생명이요, 둘째는 희망이며, 셋째는 환희다.

봄은 생명의 계절이다. 또한, 봄과 우리 사이 약속은 하늘이 보증하고 있을 만큼 신실하다. 겨울이 아무리 길어도 시린 날 끝에 봄이 오지 않은 적이 없지 않은가?

풋 봄이 바깥 사정을 정찰하려고 입김을 호호 불어 보낸 바람 끝이 따사롭다.

시나브로 파고드는 봄기운에 취해 변산 계곡 나들이를 나섰다.

어제까지 얼어있던 얼음이 오늘은 계곡을 타고 흐른다. 쫄쫄 쫄 쉬지 않는 옹알이에 여린 유록이 피어난다.

조금 오르다가 계곡 사이 양지바른 산비탈에서 봄을 가장 먼저 전한다는 노란 복수초를 만났다.

오도카니 앉아 있는 한 줌 잔설 곁에서 작은 키를 곧추세운 복수초. 따사한 바람이 꽃을 피웠나 보다. 바람의 속삭임에 꽃이 까르르 웃는다. 젖먹이 손자의 웃음 같다.

복수초에 팔려있던 눈을 돌려 조금 더 오르는데, 경사가 제법인 비탈에서 하얀색 바람꽃, 보랏빛 노루귀가 앙증맞은 모습으로 "나 여기 있소!" 하며 손을 번쩍 든다.

우리 땅, 우리 꽃 변산바람꽃이나 복수초, 노루귀의 본분은 척후가 아니라 전령이었나 보다. 춥고 길었던 동짓날, 밤을 새워 준비하고 길렀던 봄의 기운으로 꽃을 밀어 올리니 겨울은 못 이기는 척 자리를 내주고 있다.

봄은 쉽게 오지 않을 것 같다가도 작정만 하면 밤새 안녕처럼 급히 온다. 이미 출정할 채비가 끝났을지도 모른다. 바람이 먼저 들로, 산으로 뛰어다니며 주단을 깔고 있지 않은가?

바람은 노래하고 꽃이 춤을 추면 덩달아 내 마음도 연두, 노랑, 분홍빛으로 색칠되리라. 코로나로 짓이겨진 우리 마음도 햇봄의 부드러운 속삭임 따라 금방 새살이 차오를 것 같다.

오늘은 운수 좋은 날. 봄을 가장 먼저 전하는 봄 처녀 셋을 한꺼번에 만난다는 게 어디 보통 행운인가? 항상 오늘만 같았으면 좋겠다.

빌라 사람들[1]

　법률 용어는 참 어렵다.
　나의 무식 탓도 있겠지만 이게 저것 같고 저게 이것 같은데 "아" 다르고 "어" 다르다는 말과 같이 조금만 삐끗하면 해석이 완전히 달라지는 게 법률 용어다.
　우리가 흔히 빌라라고 혼용해 부르는 '다가구주택'과 '다세대주택'의 용어도 그중 하나다. 다가구주택과 다세대주택은 건축법상의 용어로서, 서로 비슷한 것 같지만 세밀히 들여다보면 개념이 완전히 다르다.
　건축법에서는 주택을 단독주택과 공동주택으로 구분한다. 다가구나 다세대나 모두 주거 공간의 층수가 3층 이내로 제

---

[1] 한국문화예술위원회(ARKO)의 2021년도 『코로나19, 예술로 기록』 공모에서 문학 (수필) 분야에 선정된 작품임

한되고 건축면적도 660㎡를 초과하지 못한다. 그리고 세대수도 19세대까지로 제한된다는 점에서는 똑같다.

그러나 하나는 단독주택, 다른 하나는 공동주택으로 분류되며 소유와 세제에서 큰 차이가 있다.

다가구주택은 한 건물에 여러 가구가 함께 살고 있음에도 불구하고 단독주택이다. 단독주택이기 때문에 가구별로 혹은 층별로 나누어서 구분등기를 할 수 없고 매매도 통으로만 가능하다. 그리고 여러 가구가 함께 살고 있어도 소유자는 1가구 1주택에 해당하여 양도세 비과세 대상이 된다.

다세대주택은 다가구주택과 똑같은 규모, 똑같은 형태라도 공동주택에 해당한다. 따라서 아파트처럼 가구별로 나누어서 구분등기가 가능하고 소유권도 달리할 수 있다.

한 사람의 건물주가 다세대주택 건축물 전체를 소유하고 있다면 그는 1가구 1주택자가 아니라 1가구 다주택자로 분류된다.

건설업자들이 분양을 목적으로 건축하는 형태가 대부분 이에 해당한다.

1. 우리가 사는 빌라

우리 집은 상가를 포함하여 모두 11가구가 함께 사는 다가구 주택이다.

퇴직하면서 한적한 교외에 전원주택을 짓고 도심에서 뚝 떨어져 도시의 복닥거리는 삶을 관망하는 여유를 누리고 싶었다. 그렇지만 가족들의 생각은 달랐다. 그래서 서로 한발씩 양보해 아파트의 편리함과 단독주택의 장점을 합성한 빌라를 지었다.

우리 빌라의 자랑은 텃밭과 온실이다. 농사라고까지는 할 수 없지만, 손바닥만 한 울안 텃밭에 고추, 가지, 상추 같은 채소에다가 토마토 같은 과일도 심었다. 입주자들이 공동으로 가꾸고 필요할 때 아무나 따다 먹는 무농약 공동농장이다.

온실은 주로 아내가 관리하는데. 한쪽에는 차를 마시고 독서도 할 수 있는 카페 같은 공간이 마련되어 있다.

손님이 오면 집안으로 들이거나 주변 찻집으로 가지 않아도 된다. 입주자들의 공동 공간으로 외부 손님을 접대하는 장소이며 가끔은 입주자들끼리 삼겹살파티도 여는 친화 구역이다.

공동체 구성원도 다양하다. 11세대 중 혼자 사는 단독세대가 8가구나 되지만 원룸 위주의 빌라와 차별된다.

구성 인원의 나이도 80 초반의 할머니부터 갓 두 살인 어린아이, 초등생, 중학생까지 모두 21명이 한 울안에 살고 있다.

이웃 사이의 인과관계나 심성은 환경의 영향을 받는다. 아파트와는 다르게 서로 이해하고 베푸는 환경 속에서 흉허물 없이 지내다 보니 입주자끼리도 남녀노소 할 것 없이 가족처럼 배려하는 화목한 공동체로 잘 어울린다.

그런데 조용하고 안온했던 우리 빌라 일상에 큰 변화가 왔다. 바로 코로나19 때문이다. 코로나19는 우리 빌라뿐 아니라 우리나라와 지구촌 전체를 온통 난리 속으로 빠뜨렸다.

사회를 시끄럽게 하는 이슈는 관점과 생각 그리고 처한 환경에 따라 다르겠지만, 생업에서 은퇴하고 세상일을 뒷전으로 접어버린 나는 웬만한 이슈에는 관심도 없고 내 일상에 큰 영향을 미치지도 않는 편이다. 그런데 코로나19는 당장 나의 일상을 옥죄고 침탈하며 영향을 미치고 간섭까지 했다.

우리나라에서 코로나19 첫 확진자가 나온 2020년 1월 20일부터 만 2년이 지났다.

처음엔 마스크와 함께하는 일상이 답답했지만, 시간이 흐르고 적응하다 보니, 더는 어색하거나 답답하지 않고 편해졌다.

손 씻기 같은 방역 습관도 어지간히 몸에 익었다.

처음에는 팬데믹 기간을 3년 정도로 예상했던 전문가들의 진단도 바뀌기 시작했다. 대부분 "에이, 무슨 3년씩이나. 조금 지나면 괜찮을 거야"라며 가볍게 생각했는데 정작 3년 차가 된 지금은 터널 끝이 어디인지조차 가늠할 수가 없다.

그리고 이 팬데믹 사태가 "5년 이상 장기화할 것"이라고 말하는 전문가도 있으니 답답함을 넘어서 두렵기까지 하다.

사람들을 만나고, 차 마시고, 식사하고, 어울리는 일은 일반 서민들의 생활에서 매우 빈번하고 비중이 높은 일상이다. 그런데 그것조차 어렵다. 나라에서 함께하는 사람들의 머릿수를 제한하고 거리 두기를 강제하고 있다.

나는 혹시나 이제 겨우 19개월인 손자에게 나쁜 영향을 주는 불상사가 생길까 봐서 내 나름대로 정부의 제한보다 더 강한 기준을 설정했다.

함께 어우러져 살아야 하는 사회생활에서 만남을 피한다는 것은 갇힌다는 의미가 되기도 한다. 내가 그들을 가두었는지, 그들이 나를 가두었는지는 모르지만, 아무튼 코로나19는 모든 것을 걸어 잠그고 서로 흩어지기를 강요하며 우리의 일상을 거의 고립시켰다.

"이 시기가 지나고도 코로나로 바뀐 일상이 보편화 되는 일은 없어야 할 텐데…"하는 걱정과 함께 한 해를 보낸다.

새로 맞이하는 임인년 새해만큼은 어떤 사람이든 가리지 않고 마음 편하게 만나며, 마스크를 쓰지 않은 민낯으로 바깥 활동을 하는 일상이 꼭 회복되기를 빌 뿐이다.

2. 코로나19는 유행을 탄다

코로나바이러스는 2019년 12월, 중국 후베이성湖北성 우한武漢시에서 감염이 시작되어 중국 전역은 물론 전 세계를 점령한 새로운 유형의 호흡기 질환이다. 세계보건기구가 정한 공식 명칭은 COVID-19이며 우리나라에서는 코로나19라고 부른다.

코로나19는 감염자의 침방울이 다른 사람의 코나 입 같은 호흡기의 점막으로 침투해 전염된다. 감염되면 2~14일 정도로 추정되는 잠복기를 거쳐 발열 및 기침, 호흡곤란, 폐렴 등 증상이 나타나지만, 무증상 감염 사례도 많이 나오고 있다. 자신도 모르는 사이에 코로나 전파의 매개가 될 수 있는 것도 무증상 감염 현상 때문이다.

강력한 방역으로 코로나가 어느 정도 진정되었는가 하면 의외의 곳에서 집단 발병하여 지역감염으로 확산하는 대유행이 네 번이나 있었다.

첫 번째 대유행은 흔히 "신천지"라고 부르는 "신천지예수교증거장막성전"이 중심에 있었다.

우리나라의 첫 번째 코로나 확진자는 2020년 1월 19일 인천공항을 통해 입국한 중국 여성이었다. 확진자는 국적이나 성별, 나이 불문하고 1호 환자, 2호 환자, 3호 환자와 같이 번호를 붙여 식별했다. 정부에서도 초기에는 코로나바이러스 펜데믹 상황이 이토록 오래가고 감염자가 많을 줄 모르고 안이하게 판단했음의 방증이 아닐 수 없다.

일반 국민도 예전의 사스나 메르스처럼 서너 달 정도 조심하고 방역하면 될 것으로 생각한 사람이 대부분일 것이다.

2020년 1월 20일 1호 확진자가 발생한 이래 2월 16일까지 30명의 확진자가 발생하였다. 이때까지는 확진자 증가 추세가 하루에 몇 명 수준이고 확진자의 역학조사와 동선 정보 공개도 바로바로 이루어졌다. 그나마 수도권 위주로 발생하고 있었기 때문에 지방은 비교적 조용했다.

그러나 2월 18일 31번째 확진자가 보고되면서 상황은 급격히 악화하였다. 신천지 신도로 밝혀진 31번 환자는 증상이 있음에도 불구하고 의료진의 검사 요청을 거부한 것은 물론, 교회 집회에 참석했음이 확인되었다.

그리고 바로 다음 날 23명의 추가 확진자가 발생하면서 신천지 교인을 중심으로 대구·경북지역의 확진자가 폭발적으로 늘어났다. 이에 따라 30명에서 소강상태였던 확진자 수가 바로 수백 명으로 치솟으며 들불처럼 전국으로 번졌다.

신천지 대구교회의 대규모 집회와 신천지 교주 이만희의 형 장례식이 있었던 경북 청도가 진원이었다. 전국에서 신천지의 집회에 참석했던 사람들, 청도의 장례식에 다녀간 사람들이 각자의 삶터로 돌아가 매개 역할을 충실히 한 때문이었다.

이후 2월 24일 15시 기준으로 확진자 수의 59.8%가 신천지와 관련이 있었다. 이렇게 된 가장 큰 이유는 신천지 특유의 집단생활과 폐쇄적 문화가 작용하지 않았나 생각한다.

신천지 신자들은 사회에서 자신이 신천지 신자임을 밝히기를 꺼리고 전도 대상자들에게도 신분을 위장하고 접근하여 포섭한다. 이를 위해 평범한 교회로 가장하거나 공부방이란 은닉시설을 전국에 수도 없이 운영했다.

이러한 폐쇄성과 신천지 교단의 고의적인 은닉으로 신천지 확진자들의 동선 파악이 어려워 추가 감염 의심자를 추적하여 미리 방역과 차단을 실시할 수 없었고, 이것이 요양원, 병원, 콜센터 등 신천지 교인들이 근무하거나 봉사하는 곳마다 집단 감염으로 번진 주요인이 되었다.

　코로나19의 1차 대유행은 신천지가 기폭제가 되었음은 누구도 부인하기 어려운 사실이다. 전염병 확산의 우려 속에서 다수가 모이는 종교집회를 강행하여 바이러스를 확산시킨 정도라면 신천지에 대한 비난 여론이 과도하다고 할 수 있다.

　그러나 신천지는 원인을 분석하려는 정부의 대응에 적극적인 협조는커녕 감추기, 허위보고 등으로 사태의 위중도를 키웠다는 책임론에서 벗어날 길이 없다.

　교주를 비롯한 교단의 지도급 상층부는 자기들 스스로 무엇이 잘못이고 비난받을 일인지 알고 있었기에 어떻게든지 감추고 오도하며 진실을 차단함으로써 사태가 걷잡을 수 없이 크게 만든 책임에서 벗어날 수 없다.

　이것은 모든 사이비 종교가 자기들만의 은밀성이 해제되고 실체가 세상에 드러나게 될 때 보이는 공통적 행태라고 할 수 있다. 신천지도 정상 종교의 가면을 쓴 사이비 종교단체라는 것이 이번 코로나 사태를 통해 여실히 드러났다.

　두 번째 대유행은 2020년 부처님오신날을 기점으로 어린이날까지의 황금연휴 기간에 서울 이태원 일대의 유흥업소인 클럽에서 시작되었다.

　어느 언론이 해당 클럽을 동성애자 전용의 "게이클럽"이라고 보도하였고, 동성애를 죄악시하는 일부 기독교계에서 성소수자를 집중적으로 비난함으로써 사태를 키웠다.

　전국 각지에서 클럽을 다녀간 사람들이 동성애자라는 오해를 받지 않기 위해 이태원 클럽에 다녀왔음에도 불구하고 자신의 동선을 제대로 밝히지 않아서 방역을 더욱 힘들게 만들었다. 그 때문에 학원 강사, 일반 기업체, 국가 기관의 종사자 심지어 군인까지도 확진되는 결과를 낳았다.

건강하고 힘이 좋은 20~30대의 젊은이들은 무증상 확진자가 많아서 누구에게 감염시킬지 모른다는 문제점이 2차 대유행을 통해 얻은 교훈이다.

세 번째 대유행은 서울 성북구에 있는 사랑제일교회와 그 교회 담임목사인 전광훈이 주도했다고 알려진 2020년 8월 15일에 있었던 보수세력의 정치 집회에서 비롯되었다.

8·15 집회의 경우 집회 참가자 수가 주최 측 주장대로 하면 연인원 100만 명에 달한다고 보도되었다. 이 많은 인원이 전국에서 모였다가 흩어졌기 때문에 코로나19 바이러스를 순식간에 전국으로 확산시키는 매개 역할을 했다.

무엇보다도 전광훈 목사의 정치성향을 따르는 이들은 방역에도 비협조적이었다. 언론 보도에 따르면 사랑제일교회에서는 선거법 위반으로 구속된 전광훈 목사의 석방을 촉구하는 대면 예배를 매일 밤 강행하고, 음식물을 나눠 먹는 등 방역지침에 전혀 협조하지 않는 모습을 보였다.

특히 장위동 뉴타운 개발에 따른 사랑제일교회 철거와 보상 문제까지 불거지면서, 신자들은 방역지침을 무시하고 집회와 예배를 계속했다. 그 결과 교인들 사이에서 확진자가 폭발적으로 증가하기에 이르렀다.

이러한 3차 대유행으로 방역 당국과 지방자치단체는 교회 등 종교시설에 대한 "집합 제한 명령"이라는 초유의 강경 대책을 선포하였다.

불가침 영역이었던 종교와 신앙의 자유라는 기본권 제한에 대한 논란에도 불구하고 정례적인 예배, 미사, 법회는 비대면을 권장하고 정규 종교집회 이외의 소규모 모임은 모두 금지된 것이다.

네 번째 대유행은 오미크론 변이의 등장이다.

정부에서는 80%가 넘는 백신 접종의 결과에 자신감을 얻어 2021년 11월부터 위드코로나를 선언했다. 거리두기, 사적 모임 인원 제한, 음식점, 카페 등 접객 업소의 영업 제한이 완화되어 사회가 활기를 되찾는 듯했다.

그러나 처음 예상과 달리 돌파 감염 등으로 확진자가 하루에 8천 명대에 이를 정도로 급격하게 늘어난 데다가 엎친 데 덮친 격으로 오미크론 변이가 발생하여 세계 여러 나라가 코로나 팬데믹 초기처럼 다시 빗장을 걸어 잠그게 되었다.

우리나라에서도 오미크론 변이 확진자가 발생했다. 2021년 11월 14일부터 23일까지 나이지리아와 에티오피아를 방문하고 11월 24일 입국한 목사 부부였다. 이들은 귀국 다음 날 코로나 양성판정을 받았고 12월 1일 오미크론 변이에 감염된 것으로 밝혀졌다.

그런데 코로나 양성으로 판명된 뒤에도 11월 24일부터 29일까지 엿새의 격리기간 동안 격리장소를 무단으로 벗어나

인천 일대의 치과, 마트, 식당 등을 마음대로 돌아다녔고 교회 예배에도 참석했다고 한다.

이들은 이동 경로 역학조사 단계에서 거짓으로 진술함으로써 밀접접촉자를 밝혀내지 못하게 하는 잘못을 저질렀다.

부부의 아들도 오미크론에 감염되고 이들과 관련된 교회 신도도 48명이 확진 판정을 받았으며 그중에서 40명은 오미크론 감염자인 것으로 판명되었다.

이들 목사 부부는 무엇을 숨기고 싶어서 이동 과정을 거짓으로 진술했을까?

흔히 "종교와 정치를 주제로 논쟁하지 마라"고 한다. 물론 논쟁하고 싶은 생각도 없다. 다만 한 가지는 짚고 넘어가야 할 필요를 느낀다.

네 번의 코로나19 대유행의 경과를 살펴보면 모두 종교와 연결되어 있음을 알 수 있다.

세상을 걱정하고 구제와 위로에 앞서야 할 정신적 지주인 종교가 특히, 기독교가 오히려 세상의 걱정거리가 되고 비아냥 꺼리로 전락하게 된 것 같아서 참으로 안타깝다.

인간은 누구에게나 자신의 양심과 도덕적 기준을 지키며 일상의 삶을 평온 무사하게 살아갈 권리가 있다. 이것이 인간의 삶에 있어서 무엇보다 중요한 가치이며 종교활동도 그 범주 안에서 보장되고 보호되어야 한다고 생각한다.

종교의 자유, 양심의 자유, 집회의 자유는 물론 평온한 일상을 보호받을 권리는 모든 국민이 차별없이 누리는 천부적 기본권이다. 우리나라는 현행의 헌법과 법률로 이를 보장하고 있으며 국민이라면 누구나 다른 사람의 기본권을 침해하지 않을 의무를 지우고 있다.

그런데 전광훈 목사와 사랑제일교회의 사례처럼 종교적 관념과 교리를 규정한 교회법이나 신앙적 신념을 앞세워 나라와 사회를 움직이는 헌법과 법률을 무시하고 탈법적 행태를 보이는 경우는 분명한 범법행위라고 생각한다.

또한, 신천지 사례에서 보았듯이 사이비 종교단체에서 정부의 행정명령을 우습게 알고 위반하며 거짓 자료를 제출하여 행정당국을 기만한 행위도 범법행위에 해당한다고 생각한다.

그러한 경우에도 종교의 자유가 우선되어야 하는가? 방역을 위해 국가는 국민의 기본권을 어느 선까지 제한할 수 있을까?

국민의 권리인 천부적 기본권과 사회적 책임인 방역이 충돌하는 지점에서 많은 것을 생각하고 갈등하지 않을 수 없다.

균형을 유지하고 지킨다는 것이 누구에게나 매우 어려운 일이다. 그러나 균형 유지가 어려운 덕목인 만큼 사람이 사람답기 위해서는 반드시 지켜야 할 아름다운 과제가 아니겠는가?

3. 희생의 가치를 아는 사람들

코로나19는 지구촌 전체에 내린 재앙이다. 이 재앙은 나라와 지역과 도시를 가리지 않았다. 우리나라도 마찬가지다

그중에서도 변변한 대기업이나 대규모 제조업이 없는 천년고도 전주시의 피해는 상대적으로 더 크다고 할 수 있다.

인구 65만의 전주시는 굴뚝 산업보다 관광산업의 의존도가 높은 중소도시다.

전주 시내의 한옥마을만 보면 2002년에는 관광객이 31만여 명에 불과했으나 2008년에 130만 명, 5년 뒤인 2013년에는 500만 명을 돌파했고 이제는 1,000만 명을 바라볼 정도로 전국에서도 손꼽히는 관광지이다.

600여 세대의 주민이 실제로 거주하고 있는 전주 한옥마을에는 735채의 한옥 건축물이 밀집되어 있어, 높은 곳에서 조망하면 어깨를 맞대고 있는 기와지붕들이 장관을 이룬다.

태조 이성계의 어진이 모셔진 경기전과 400년 전통의 향교, 우리나라 3대 성당의 하나로서 호남지방의 서양식 근대 건축물 중 가장 규모가 크고 오래된 전동성당, 태조 이성계가 역성혁명을 꿈꾸었다던 오목대와 이목대, 호남제일성 풍남문이 함께 모여 자리하고 있다.

또한 전통술박물관, 전주공예품전시관, 전통한지원, 교동미술관, 소리문화관, 완판본문화관, 최명희문학관 같은 20여 개의 문화시설이 집적돼 있고 인접한 남부시장 등 볼거리, 즐길 거리가 풍부한 명소이다.

빌딩 숲에 갇힌 현대인들에게 삶의 여유를 찾아주는 뭔가

가 있는 힐링의 장소로 젊은이들이 선호하는 관광지가 전주 한옥마을이다.

관광객이 줄을 설 정도면 우선 장사가 잘되는 것이고, 장사가 잘되면 상가 임대료가 비싼 것이 당연한 이치다. 전주 한옥마을은 상가 임대료가 전주 시내에서 가장 높은 지역이다.

그런데 코로나19로 인해 관광객이 뚝 끊겼다. 관광객으로 북적이던 공간은 임차인들의 한숨과 원성이 차지했다.

이러한 배경에서 "착한 임대인 운동"이 시작되었다. 2020년 2월 12일, 전주시의 물밑 중재를 통해 한옥마을 건물주 14명이 3개월간 임대료를 10% 이상 인하한다는 상생 선언을 발표했다.

지역 미담으로 그칠 법한 이 사례를 대통령이 청와대 회의에서 직접 언급함으로써 언론을 통해 전국에 알려졌다. 전주시에서 처음 시작한 "착한 임대인 운동"이 불쏘시개가 되어 전국 각시로 번져나갔다.

IMF 사태 당시 "금 모으기"로 어려움을 함께 이겨내자는 사회 캠페인처럼 동참 행렬이 이어졌다. 일부 지방자치단체에서는 "착한 임대인 운동"에 동참한 건물주에게 세금 감면의 혜택을 선언하는 선순환의 고리가 이어졌다.

우리 빌라 1층에는 광고 디자인과 현수막 같은 광고물을 실사 출력하는 업체가 입주해 있다. 사장은 광고업으로 잔뼈가 굵은 전문가이며 직원이 아주 많지는 않지만, 제법 인지도가 높은 업체이다. 또한, 그는 임대료를 단 하루도 밀린 일이 없는 건실한 사업가였다.

　C 사장의 속사정을 알 수는 없지만, 나도 건물주로서 "착한 임대인 운동"에 동참하고 싶었다. 내가 먼저 임대료 인하를 제안했다.

　"사장님 정말 고맙습니다. 그렇지 않아도 매출이 너무 많이 줄어서 직원을 줄여야 할지 말지를 고민 중이었습니다."

　그러면서 코로나로 인한 사업의 어려움을 줄줄이 토로했다. 듣고 있으면서 뭔지 모를 분노가 치밀고 괜스레 죄인이 된 듯 부끄러웠다.

　나는 매달 꼬박꼬박 나오는 연금 덕분에 코로나에도 불구하고 경제적인 어려움을 그리 크게 느끼지 못했다.

　마스크를 써야 하고, 거리 두기 등 방역지침으로 취미교실이 폐쇄되었으며 사람들을 마음대로 만나기가 어렵다는 일상 활동의 제약 정도가 나에게 미치는 코로나의 영향이었다.

　먹고사는 문제를 두고 코로나와 싸우는 자영업자에 대한 보도를 보면서도 그저 그런가 보다 하고, 관념적으로만 받아들였을 뿐이었다.

　일감이 없고 수입이 줄어들면 위기 대응 방안으로 가장 먼저 떠오르는 게 인건비를 줄이는 일이다. 내가 살기 위해 직원을 해고하면 그 직원은 실업자가 된다. 가장의 실업은 가족 모두를 실업자로 만든다. 자칫 심하면 가정 파탄에까지 이를 수 있다.

　이렇듯 실업의 여파는 감염병만큼이나 빠르게 사회 전반에 영향을 미친다. 어느 한 곳에서 직원을 해고하게 되면 눈치만 보고 있던 다른 동종업체에서도 해고를 단행하게 되고 둑이 무너지듯 실업자가 쏟아져 나오는 도미노 현상을 초래할 수 있다.

경영이 아무리 어려워도 인원 감축과 해고는 최후적인 수단이 되어야 한다고 생각한다.

선심 쓰듯 3개월간의 임대료 감액을 제안하려고 작정했던 나는 금방이라도 울 듯한 그의 표정을 보며 마음을 바꿨다. 3개월간 임대료 면제를 통보했다. 내 제안을 받은 C 사장은 우선 숨통이 트였다며 웃었다.

전주시에서 착한 임대인 운동에 동참한 건물주들의 재산세를 감면해 주기 위해 신청을 받았는데 307명이 신청했다고 한다.

"착한 임대인 운동"에 동참한 건물주가 재산세 감면을 신청한 307명뿐이었을까? 전주시 관계자는 아마 20% 정도만 신청한 것으로 알고 있다고 했다. 모르면 몰라도 신청하지 않은 사람이 신청한 사람보다 열 배는 많지 않을까?

오른손이 한 일을 왼손이 모르게 하라는 말이 있다. 선행은 말없이 드러나지 않게 행해질 때 비로소 빛이 나는 법이다.

의료현장과 사회 곳곳에서 코로나 감염의 위중함을 무릅쓰고 코로나19로 인한 그늘을 조금이라도 지우기 위해 이름도, 빛도 없이 봉사하고 헌신하는 이들이 있기에 코로나 위기에도 이 사회가 쓰러지지 않고 묵묵히 앞으로 나아가는 것 아니겠는가?

선행도 봉사도 자신의 희생이 전제된다. 이 사회에는 희생의 무한가치를 아는 사람이 많은 것 같다. 참으로 고마운 사람들이다. 그들에게 응원의 박수를 아낌없이 보낸다.

4. 코로나로 두 번 울어버린 여자

추석 연휴를 2주 정도 앞두고 있던 2020년 9월 중순이었다.

코로나에도 불구하고 무사평온했던 우리 빌라가 갑작스레 불난 호떡집이 되었다.

구급차가 와서 2층에 사는 S를 실어 갔다. 시청에서 나온 공무원은 S가 코로나 검사 결과 확진자로 판명되었다는 사실을 알려주었다.

S는 2층 쓰리룸에서 혼자 사는 30대 미혼녀로 학원 강사였다.

S의 진술을 토대로 공무원이 입주자 중에서 밀접 접촉이 가능한 사람을 분류하였다. 다행히 밀접접촉자는 없었지만, 2층 입주자 등 모두 여섯 명에게 PCR 검사를 받도록 통보되었다.

모두 음성으로 판명되어 자가격리자는 없었다.

보건소에서 나온 방역원이 S의 집안은 물론이고, 엘리베이터, 각층 로비와 계단 같은 공용구역까지 분무 소독을 했다. 나는 1층 현관 입구에 손 소독제를 비치했다.

  S는 확진된 친구의 밀접접촉자로 분류되어 보건소로부터 PCR 검사를 받도록 통보되었다고 했다. 친구를 만난 지 이틀이 지난 뒤였다. 목이 따끔거리는 가벼운 인후염 증세가 있었을 뿐 발열이 없었기 때문에 가벼운 마음으로 검사를 했는데 양성이 나온 것이다.

  양성판정을 받고 황당한 마음에 무엇을 어떻게 해야 할지도 몰라 우왕좌왕하고 있는데 구급차가 도착한 것이다.

  우선 실려 가면서 직장인 학원 원장과 고향의 부모님께만 그 사실을 전화로 알렸다. 학원 원장은 "수업 걱정하지 말고 치료 잘 받고 오라"고 하며 격려까지 했단다.

  10일 만에 S가 돌아왔다. 증상이 가벼웠던 탓에 생활치료센터에서 격리 치료를 받고 두 번의 검사 결과 음성판정을 받고 돌아온 것이다.

  그녀는 집에 돌아온 뒤에도 일주일 이상을 두문불출하며 스스로 바깥세상과 격리되어 지냈다. 학원에서 대체교사를 한 달 계약했으니 한 달간 푹 쉬면서 몸을 추스른 다음에 출근하라고 해서 집에서 휴식 겸 요양 중이라고 했다.

  그녀와 대화를 나눈 이후 몇 달이 지났다. 그사이에 거의 볼 수 없었던 S에게서 방을 내놓겠다는 연락이 왔다. S가 이사할 수밖에 없는 사연은 그녀의 코로나 확진 통보를 받았을 때보다 더 큰 충격을 내게 안겼다.

한 달 뒤, 학원에 연락하니 출근을 차일피일 미루더라는 것이다. 몇 번의 통화를 통해 자기를 지금도 코로나 감염자로 생각하며 피하는 눈치가 느껴졌다.

코로나 감염 전에 자주 만나던 친구들에게서도 연락이 전혀 없고, 혹시 길에서 마주쳐도 다른 이유를 대며 슬슬 피하는 것 같다고 했다.

그런 일들을 겪으면서도 별다른 생각을 하지 않았는데 "코로나는 재발 된다는데 S 선생님께서 재발하지 않는다는 보장이 없지 않은가? 만약 그렇게 되면 우리 학원은 망한다. 그렇지 않아도 선생님의 확진으로 우리 학원의 피해가 막대하다"라는 학원 원장의 말을 듣고 친구들이나 주변 사람들이 피했던 이유를 알게 된 것이다.

학원에 사표를 제출했다. 코로나 확진으로 실업자가 되고 주변에서 왕따를 당하는 이중고통을 겪은 것이다. 깊은 우울감에 사람을 만나는 것조차 두려워 스스로 피하게 되더란다.

다행히 고향인 K 광역시의 다른 학원에 취업이 되어 이사하게 됐다며 후련해했다.

추측이지만 생각해 보면 우리 빌라에 살았던 S처럼 코로나 확진으로 인해 두 번 울었던 사례가 비일비재하지 않을까 싶다.

그녀의 말을 들으면서 나는 한센병이 생각났다.

지금은 한센병이라고 하지만 70년대까지만 해도 나병, 그 이전에는 문둥병이라고 불렀던 무서운 병이다.

한센병이 무섭기는 해도 치료하고 완치되면 전염력이 없다. 유전도 되지 않는다. 그런데 정부에서조차 한센병에서 완치된 사람들을 정상인으로 사회에 복귀시키지 않고 음성나환자라고 해서 집단 정착촌을 마련해주고 관리하던 시절이 있었다.

재발에 대한 그릇된 인식이 초래한 인권침해의 대표적 사례라고 생각한다.

코로나는 독감과 비슷한 바이러스성 호흡기 질환이다. 바이러스성 질환은 재발률이 높은 편이다. 감기를 일 년에 몇 번씩 걸리는 사람도 있다.

독감에 걸린 환자는 주변 사람들이 피하기 마련이다. 환자 자신도 마스크를 착용하고 기침 예절을 지키며 조심한다.

그러나 독감이 완치되면 재발 우려를 염려하여 피하고 멀리하지 않는 것이 상식 아닌가?

독감도 재발하듯이 코로나도 재발 우려는 있을 것이다. 코로나의 재발 사례가 보도된 바 있고, 원인을 규명하기 위해서 연구가 진행 중이라고 하는데, 코로나의 재발 요인과 가능성에 대하여 정부의 명쾌하고 진솔한 설명과 홍보가 필요하다고 생각한다.

국민의 불안 심리를 진정시키고 오해를 불식시키는 것도 정부의 역할이며 이것도 사회 방역의 일환이지 싶다.

사람은 무슨 병이 됐건 병에 걸리면 누구나 환자가 된다. 치료를 마치고 완치된 사람은 감염되기 전의 정상인으로 복

귀한다.

 지금 정상인임을 자부하는 사람 중에 어떤 병이 됐건 환자였던 적이 한 번도 없는 사람이 있을까?

 우리는 누구나 환자의 시간을 보낸 환자였었음을 기억하고 코로나 완치자를 배려하고 위로할 필요가 있지 않을까 생각된다.

5. 포스트 코로나를 기대한다

 코로나19 팬데믹은 오랜 세월 학습된 우리의 평온한 일상을 침탈해 버렸다. 겨우 11가구가 사는 우리 빌라에도 일상의 변화를 초래한 갖가지 사연이 참 많다.

 코로나 확진으로 치료를 받았던 S를 비롯하여 무대 음향 전문가인 K는 공연이 취소되고 무대가 없어지면서 실직자 아닌 실업자가 되었다.

 초등학교 5학년인 Y 군은 같은 학급 친구의 확진으로 한 학급 전체가 자가격리에 들어가게 되어, 12일간의 자가격리를 혼자서 이겨내야 했다.

 작은 공동체에 지나지 않는 우리 빌라도 이럴진 데 사회 전반으로 넓혀보면 지난 2년간 우리의 일상에 얼마나 크고 많은 변화가 일어났겠는가?

 "뭉치면 살고 흩어지면 죽는다"라는 합심 단결의 진리는 이제 "뭉치면 죽고 흩어지면 산다"로 뒤바뀌었다.

사회적 거리 두기의 일환인 직장인들의 재택근무와 출퇴근 유연제, 학교 수업의 비대면 강의, 외식문화 대신 배달 문화의 확산 등 언택트 문화가 우리 사회 전반에 큰 변혁을 만들었다.

품앗이 개념의 경조사는 직접 찾아가지 않고 부조금만 전달해도 크게 실례가 되지 않게 되었다. 청첩장이나 부고에 부조금을 보낼 계좌번호 알림이 당연한 상례가 되었다.

명절이나 집안의 대소사에 참석하는 것이 당연한 도리라는 관념도 희박해졌다. 오랜 세월 이어온 민속 전통마저 겨우 2년이라는 아주 짧은 시간 내에 뒤집히고 변화한 것이다.

코로나 팬데믹으로 문화의 근간이 흔들리는 이때, 코로나19에 맞서서 슬기롭게 이겨내는 것이 무엇보다 우선이겠지만, 코로나 이후의 세태 변화를 깊이 통찰하고 지혜를 모으는 일도 매우 중요하고 시급하다고 생각한다.

모든 변화에는 장단점이 있다. 긍정적 변화이건 부정적 변화이건 변화를 받아들이려면 저항과 고통이 뒤따른다. 익숙한 관행을 버리고 바꿔야 하는 불편이 따르기 때문이다.

그렇지만 세상은 변했고 우리도 달라져야 한다. 싫어도 어쩔 수 없는 환경 앞에서 우리가 무엇을 버리고, 무엇을 취해야 할 것인가?

세상에 공짜는 없다. 얻은 것이 있으면 잃는 것이 있기 마련이고 잃는 것이 있으면 잃은 만큼 얻는 것도 있는 것이 세상 이치 아닌가. 우리는 코로나로 너무 많은 것을 잃었다.

하지만 우리는 코로나 팬데믹을 겪으면서 너무나 당연한 것처럼 무덤덤하게 받아들였던 평범한 일상의 소중함을, 사람과 사람 사이 대면 교제의 따뜻함을, 자연환경 파괴의 처참한 결말을 새삼 깨닫는 계기가 되기도 했다.

이러한 깨달음을 토대로 잃은 것보다, 더 많은 것을 얻을 수 있는 지혜가 발현되는 포스트 코로나를 기대해 본다.

윤 철 수필집

나를 닮은 타인 그 이름 가족

인쇄 | 2024년 9월 17일
발행 | 2024년 9월 20일

지은이 | 윤 철
펴낸이 | 윤정복
펴낸곳 | 정보출판사

주 소 | 전북특별자치도 전주시 완산구 현무2길 46
전 화 | 063-271-5013, 팩스 063-271-5012
이메일 | yjb5013@hanmail.net
홈페이지 | jongbo.biz
출판등록 | 제1998-000010호

ISBN 978-89-954596-2-1 03800
값 12,000원

이 책의 저작권은 저자에게 있습니다. 서면에 의한 저자의 허락없이
내용의 일부를 인용하거나 발췌하는 것을 금합니다.
잘못된 책은 바꿔 드립니다.

전북특별자치도 문화관광재단의 지원을 받아 제작되었습니다.